U0620447

"十三五"国家重点出版物出版规划项目

长江三峡工程
文物保护项目

报告 乙种第三十五号

万州金狮湾墓群

重庆市文物局 重庆市水利局 编

科学出版社

内 容 简 介

本书为三峡工程重庆库区万州金狮湾墓群发掘项目（2001～2002年）的田野考古报告。发掘的15座汉代墓葬，揭示了该墓群从西汉早期至东汉中晚期墓葬及器物的发展演变序列，为研究三峡地区的汉代墓葬提供了断代参考。万州金狮湾墓群出土的印章，对研究峡江地区汉代基层官吏族属、土著葬俗、社会面貌等具有重要价值。

本书可供历史研究、文物考古工作者以及历史文物爱好者阅读。

图书在版编目（CIP）数据

万州金狮湾墓群 / 重庆市文物局，重庆市水利局编. —北京：科学出版社，2020.6
（长江三峡工程文物保护项目报告. 乙种第三十五号）
"十三五"国家重点出版物出版规划项目
ISBN 978-7-03-065520-2

Ⅰ.①万…　Ⅱ.①重…②重…　Ⅲ.①墓群–发掘报告–万州区
Ⅳ.①K878.85

中国版本图书馆CIP数据核字（2020）第101384号

责任编辑：李　茜 / 责任校对：邹慧卿
责任印制：肖　兴 / 封面设计：陈　敬

科 学 出 版 社 出版
北京东黄城根北街16号
邮政编码：100717
http://www.sciencep.com

中国科学院印刷厂 印刷
科学出版社发行　各地新华书店经销

*

2020年6月第 一 版　　开本：A4（880×1230）
2020年6月第一次印刷　　印张：9　插页：30
字数：367 000

定价：258.00元
（如有印装质量问题，我社负责调换）

"13th Five-Year Plan" National Key Publications Publishing and Planning Project

Reports on the Cultural Relics Conservation
in the Three Gorges Dam Project
B(site report) Vol.35

TGCR

Jinshiwan Cemetery in Wanzhou

Cultural Relics and Heritage Bureau of Chongqing
&
Chongqing Water Resources Bureau

Science Press

长江三峡工程文物保护项目报告

重 庆 库 区 编 委 会

刘　旗　　吴盛海　　幸　军　　彭　亮　　卢　峰　　王川平
程武彦　　刘豫川

重庆市人民政府三峡文物保护专家顾问组

张　柏　　谢辰生　　吕济民　　黄景略　　黄克忠　　苏东海
徐光冀　　刘曙光　　夏正楷　　庄孔韶　　王川平　　李　季
张　威　　高　星

长江三峡工程文物保护项目报告

《万州金狮湾墓群》

编委会

主　编

岳　涌（南京市博物馆）

副主编

沈利华（南京市考古研究院）　　张　华（常州博物馆）

编　委

袁强亮（南京市博物馆）　　朱逸霏（南京市博物馆）

王子元（南京市博物馆）　　田俊仪（南京市博物馆）

项目承担单位

南京市博物馆

南京航空航天大学

南京市考古研究院

目　录

插 图 目 录

图 版 目 录

壹 引 言

一、地理环境与历史沿革①

（一）地理环境

万州地处四川盆地东缘，重庆市东北，濒临长江三峡，扼川江咽喉，有"川东门户"之称，水路上距重庆市区327千米，下距湖北省宜昌市321千米，为川东水陆要冲。东与云阳县和湖北利川市相接，南靠石柱县，西与忠县、梁平县和四川省达州市毗邻，北与开县接壤，东西广97.25千米，南北袤67.25千米，总面积3457平方千米，是重庆主城外最大的中心城市。万州区历史悠久，名人荟萃，以"万川毕汇""万商毕集"而得名，是长江十大港口之一。境内山峦起伏，丘陵交错，街道楼房背山面江，故又称"江城"，地理坐标位于北纬：30°41′09.63″～30°41′26.65″，东经：108°22′35.19″～108°22′51.61″，区内山丘起伏，最高点普子乡沙坪峰，海拔1762米，最低点黄柏乡处长江边，海拔106米，低山、丘陵面积约占四分之一，低中山和山间平地面积约占四分之一，极少平坝和台地，且零星散布。

境内出露地层的地质年代多见于中生代三叠纪和侏罗纪，形成时间距今2.3亿～1.37亿年，以侏罗纪分布最广，三叠纪次之，局部地方有距今2.85亿～2.3亿年的古生代二叠纪地层，也有距今250万年的新生代第四纪地层。境内地质构造线，属新华夏系第三纪隆起带武陵山褶皱带西缘与大巴山弧形褶皱带控制的四川菱形构造盆地的北东方向延伸出境外，消失于七曜山背斜构造的北西侧，形成北西向的万县弧形构造线。

境内河流纵横，河流、溪涧切割深，落差大，高低悬殊，呈枝状分布，均属长江水系。长江自西南石柱、忠县交界的长坪乡石槽溪（海拔118米）入境，向东北横贯腹地，经黄柏乡白水滩（海拔106米）流入云阳县，流程80.4千米。境内流域面积在100平方千米以上的河流有江北的苎溪河、渡河、石桥河、汝溪河、浦里河，江南的泥溪河、五桥河、白水溪河共八条，溪沟93条，总水域面积为108.66平方千米。

万州区境内属亚热带季风湿润带，气候四季分明，冬暖、多雾，夏热、多伏旱，春早、气温回升快而不稳定，秋长、阴雨绵绵，以及日照充足，雨量充沛，天气温和，无霜期长，霜雪稀少。境内多年平均气温17.7℃，日照时数1484.4小时，平均降水1243毫米，年水面蒸发为620毫米。

---

① 重庆市万州区龙宝移民开发区地方志编纂委员会：《万县市志》，重庆出版社，2001年。

（二）万州历史沿革

万州在夏商属梁州地，周属巴子国，秦属巴郡朐忍县。

东汉兴平元年（194）以朐忍至鱼复为固陵郡；建安二十一年（216），刘备分朐忍地置羊渠县，属固陵郡，治城于今长滩，为万州建县之始。

晋平吴后，省羊渠置南浦县，治城迁至今万州区南岸。

西魏废帝二年（553），改南浦为鱼泉县，徙治江北（今万州区环城路）。

北周时期（557~584），先改鱼泉县为安乡县，为信州和万川郡治。

隋初废万川郡，开皇十八年（598），改安乡县为南浦县；大业三年（607），废信州置巴东郡，南浦县属巴东郡。

唐武德二年（619）置南浦州，领南浦、武宁、梁山三县；八年州废，九年复置，改南浦州为浦州。贞观八年（634）改浦州为万州，天宝元年（742）改万州为南浦郡，乾元元年（758）复为万州，仍治南浦县。

宋万州先隶川峡路，后属夔州路，开宝三年，以梁山为军，领南浦，武宁二县。

元世祖至元二十年（1283），省南浦县入万州，领武宁一县。

明洪武四年（1317），并武宁县入万州，六年（1373）降万州为万县，属夔州府。

民国初隶川东道，后改东川道，十七年（1928）置万县市，二十四年（1935）设万县专区，治万县市，辖万县（驻沙河镇）、开县、城口、巫溪、云阳、奉节、巫山、忠县、石砫等九县。

1950年设万县专区，属川东行署区，后属四川省。1992年，国务院撤销万县地区、万县市、万县，设立万县市（地级），辖原万县地区的开县、忠县、梁平、云阳、奉节、巫山、巫溪、城口八县，全市辖区面积为29485平方千米。

1997年，撤销万县市，设立重庆市万县移民开发区和重庆市万县区，万县移民开发区受重庆市委、市政府的委托，代管渝东六县。1998年，万县区更名为万州区。2000年，撤销重庆市万州移民开发区，原代管的渝东六县由重庆市直辖。

二、墓群概况与工作经过

（一）墓群概况

为配合三峡库区地下文物保护工作，受重庆市文化局三峡文物保护工作领导小组办公室委托，南京市博物馆与南京市文物研究所在重庆市万州区文物管理委员会、龙宝文管所的协作下，组成联合考古队承担万州金狮湾墓群考古勘探与发掘任务。金狮湾墓群属重庆库区B级考古发掘项目，墓群总面积为12600平方米，勘探面积为12600平方米、发掘面积为5014平方米。厦门大学考古专业曾于1995年对该墓群进行了调查，在墓群的东南部发现数座墓葬。

金狮湾墓群位于长江北岸的台地上，行政隶属于万州区高峰镇朝阳村六队，地理坐标为北纬30°41′09.63″～30°41′26.65″、东经108°22′35.19″～108°22′51.61″，高程150～175米，东面距万州区约20千米（图一）。金狮湾墓群地表现有柑橘林、小麦、蔬菜、房屋、道路、普通树林和荒草，地表落差近20米。

2000年12月至2001年1月，金狮湾墓群屡遭到盗掘，南北两区发现盗洞数十处，大量器物被盗毁，三峡办将该项目的发掘工作列入重庆库区2001年、2002年考古发掘计划内。

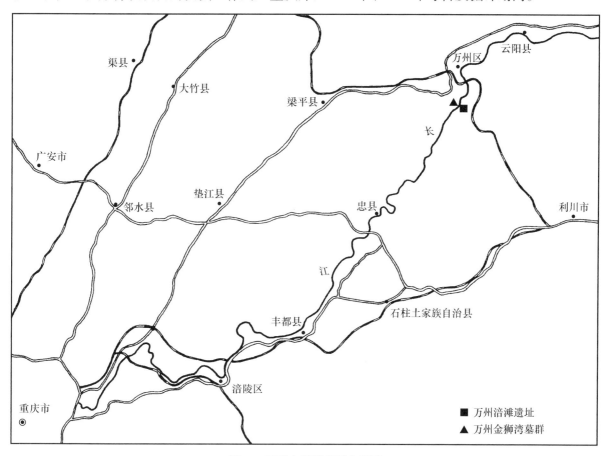

图一 万州金狮湾墓群位置图

■ 万州涪滩遗址
▲ 万州金狮湾墓群

（二）田野考古工作经过

金狮湾墓群发掘领队为南京市文物研究所车广锦研究员、南京市博物馆华国荣研究员，发掘人员有南京市博物馆岳涌，南京市文物研究所沈利华、曾杉林、周贵龙，山东省滕州市博物馆王忠启、杨光海、陈孔利、陈孔祥、陈孔涛、王锋、杨三军、陈家东、杨涛、魏慎军，费县博物馆张子晓，菏泽市博物馆邓文山、邓文敬、张景卫等，万州区文物管理所、万州区博物馆及龙宝文物管理所协助发掘工作。

金狮湾墓群横跨一条山谷，布方时将墓群北部编为Ⅰ区（图版一），地表为长江航道管理局废弃仓库及耕地，生长着大量的树木、农作物和草地，间杂有房屋、道路、围墙和陡坡；南部编为Ⅱ区，地表为林地及耕地（图版二）。

2001年2月27日至4月26日，考古队对金狮湾墓群Ⅰ区进行了第一期考古发掘，历时61天，完成发掘面积2014平方米，勘探面积12600平方米，发掘重点是墓群东北部被盗严重区域，清理汉代墓葬9座（编号：M1～M9），其中2座保存完整，7座被盗扰（图二、图三；图版三，1）；2002年9月8日至11月4日，对金狮湾墓群进行了第二期考古发掘，历时57天，完成发掘面积3000平方米，发掘重点是墓群Ⅱ区西南部未盗扰墓葬，清理汉代墓葬6座（编号：M10～M15），其中4座保存完整，2座受地形影响局部缺失（图四；图版三，2）。

两期考古发掘工作，共清理各类汉代墓葬15座，出土陶器、铜器、铁器及石器等635件（组、套），其中陶器458件、铜器85件（组）、其他类器物92件。

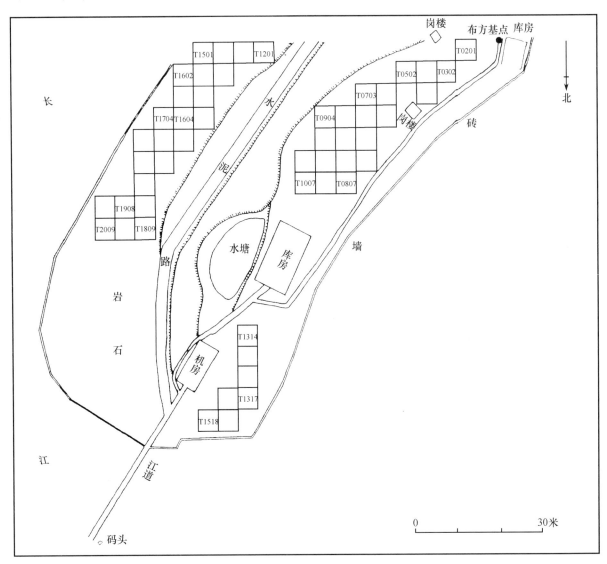

图二　金狮湾墓群Ⅰ区布方图

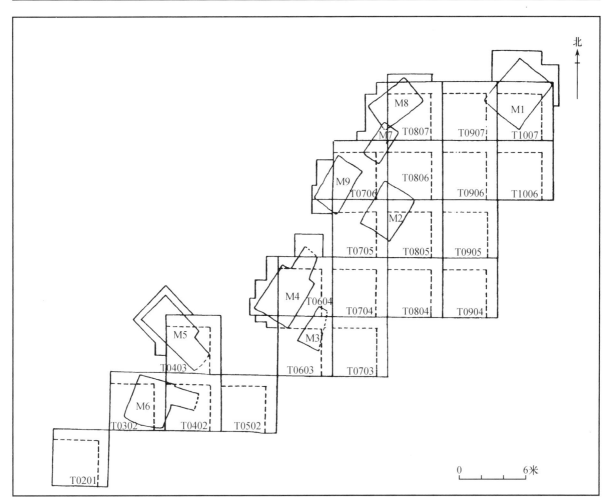

图三　金狮湾墓群Ⅰ区墓葬位置图

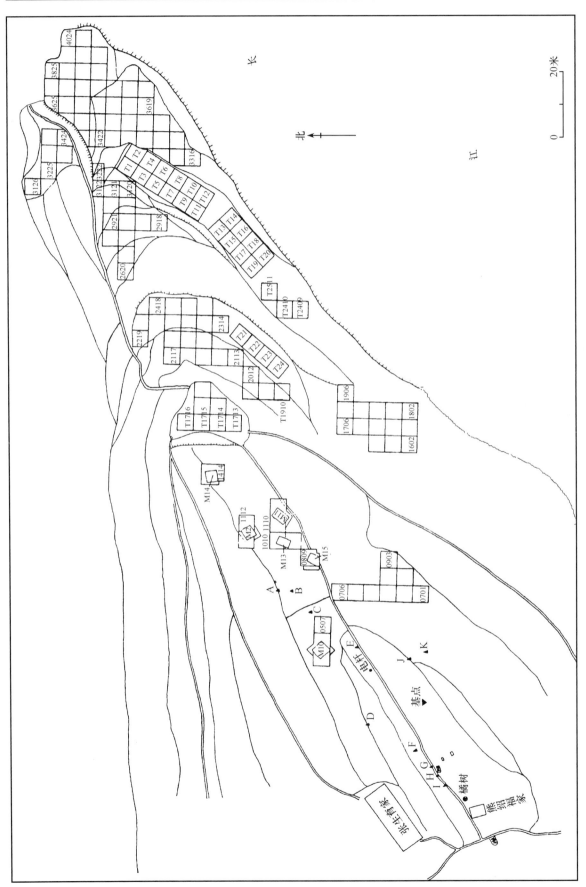

图四　金狮湾墓群Ⅱ区布方及墓葬位置图

贰　地层堆积

金狮湾墓群的地层堆积较薄，Ⅰ区地层堆积以Ⅰ区T 1806地层为例：

第1层：厚5～10厘米。土质较软，浅灰褐色，颗粒粗糙，含较多的植物根系，为现代表土层；

第2层：深5～10厘米，厚18～20厘米。黄褐色淤沙土，土质较紧，颗粒细小，为近代淤积层。

第2层下为岩石。第2层在Ⅰ区西部缺失。

M1～M9开口位于Ⅰ区东部第1层下。

Ⅱ区地层堆积以ⅡT 1716地层为例：

第1层：现代表土层，厚5～10厘米。土质较软，浅灰褐色，颗粒粗糙，含有较多的植物根系。

第1层下即为生土，距地表5～10厘米，土质较硬，黄褐色，含较多的料姜石。

M10～M15开口位于Ⅱ区西北部第1层下。

叁 汉代墓葬

金狮湾墓群共清理汉代墓葬15座，其中凸字形土坑墓2座、长方形竖穴土坑墓12座、刀形砖室墓1座。

一、凸字形土坑墓

金狮湾墓群共发掘凸字形土坑墓2座，墓室前部设长方形斜坡墓道，编号M4、M6。

（一）M4

位于金狮湾墓群Ⅰ区T0603、T0604中，为凸字形土坑墓，方向32度，通长6.7、宽3.3、深0.5～2.2米，墓葬保存完整。由墓道、墓室两部分构成，墓道为斜坡式，位于墓室北部，坡度12度，残长2、宽1.5米；墓室为长方形，长4.7、宽3.3、深0.5～2.2米。墓室内清理出木质葬具痕迹，三棺一椁结构，椁板痕迹距墓坑约0.2米，木棺位于墓室南侧，由东向西呈品字形分布（图五；图版四）。从出土的牙齿位置判断，墓主头向东北。

器物分布在墓室北部，北侧木棺外发现大量陶器、铜器、铁器；西侧木棺处发现臼齿、

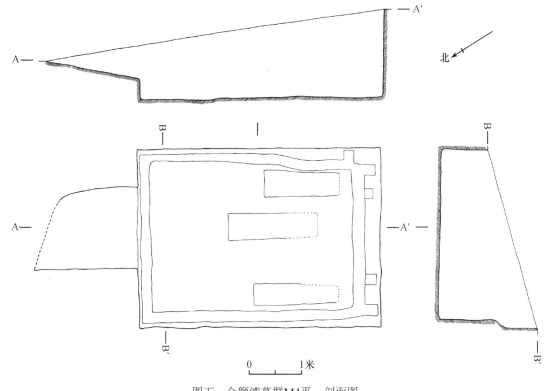

图五　金狮湾墓群M4平、剖面图

铁剑及铜钱等，臼齿齿冠面有轻度磨损；中部木棺处发现臼齿、铜钱等，齿冠有轻度磨损；东侧木棺处发现铁刀、钩、铜环及铜钱等，铁刀已残损（图六）。M4内共清理出陶罐、钵、盆、甑、壶、铜环、鍪、印、铁剑、刀、钩、石器及铜钱等，共计75件（组）（图版五～图版七）。

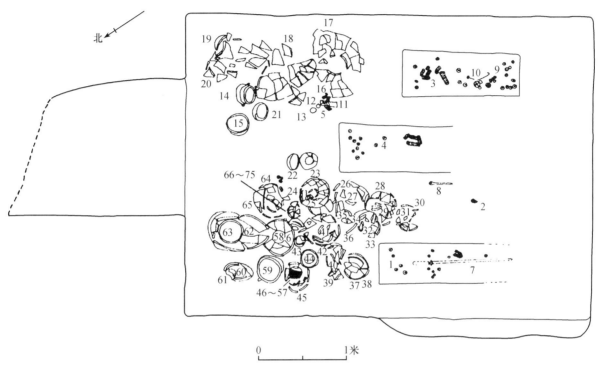

图六　金狮湾墓群M4器物分布图

1～6.铜钱　7.铁剑　8.铁刀　9、12、13.铜环　10.铁钩　11.石片　14.铜鍪　15.铜盆　16.铜印　17、18、20、24、25、27、29、31、33、44.陶圜底罐　19、21～23、26、28、30、32、35、37、38、40、41、46～57、64、66～75.陶钵　34.陶壶　36、45、58.陶盆　39、42、43、60.陶筒形罐　59.铁鍪　61.石块　62.陶甑　63.铁釜　65.陶平底罐

1. 陶器

共56件，其中泥质灰陶胎55件，器型有罐、钵、盆、甑、壶等；泥质褐陶胎1件，器型为罐（M4：44）。

圜底罐　10件（M4：17、18、20、24、25、27、29、31、33、44）。其中M4：17、18、20、27、29、31，共6件，形制相同，尖唇，敛口，束颈，圆肩，近直腹，圜底，肩、腹、底饰绳纹。M4：17，口径19.5、高32厘米（图七，1）；M4：18，口径18.8、高32.5厘米（图七，2）；M4：20，口径18.5、高32.5厘米（图七，3；图版三五，1）；M4：27，口径16、高29厘米，出土时口沿扣置陶钵（M4：26）（图七，4）；M4：29，口径18、高26厘米，出土时口沿上扣置一陶钵（M4：28）（图七，5）；M4：31，器残，口沿上扣置一陶钵（M4：30）。M4：24、25、33，共3件，形制相同，尖唇，平沿，直口，直颈，折肩，鼓腹，圜底，肩、腹、底饰绳纹，M4：24，口径13.3、高20厘米（图七，6；图版三五，2）；M4：25，口径13.8、高18.8厘米（图七，7）；M4：33，口径14、高20厘米（图七，8）。M4：44，圆唇，敞沿，束颈，弧肩，折腹，圜底，泥质褐陶胎，肩、腹、底饰粗绳纹，口径19、高16.2厘

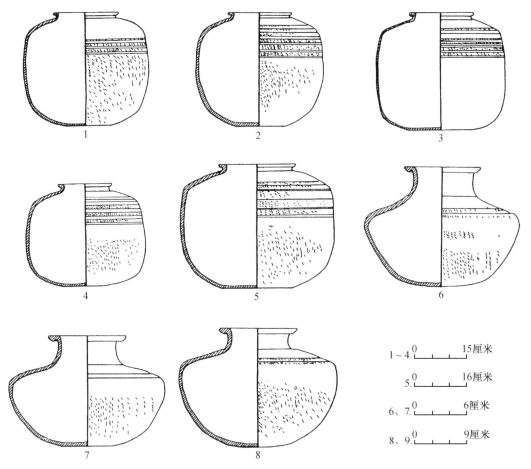

图七　金狮湾墓群M4出土陶圜底罐

1~8. M4：17、18、20、27、29、24、25、33

米（图八，1）。

筒形罐　4件（M4：39、42、43、60），形制近同，圆唇，敛口，折肩，近直腹，平底。M4：39，口径14.6、底径16.4、高20.7厘米，出土时口沿上扣置一陶钵（M4：40）（图八，2）；M4：42，两侧各附一耳，腹饰弦纹，口径26.4、底径27.2、高32厘米（图八，3）；M4：43，腹饰弦纹，口径11.2、底径12.2、高14.8厘米，罐内有动物骨骼（图八，4）；M4：60，腹饰一凹弦纹，口径16.5、底径16.6、高21厘米（图八，5；图版三五，3）。

平底罐　1件（M4：65）。尖唇，侈口，束颈，弧肩，弧腹，平底，肩饰弦纹，口径11.6、底径16.6、高26厘米（图八，6）。

钵　36件（M4：19、21~23、26、28、30、32、35、37、38、40、41、46~57、64、66~75），形制相同，圆唇，侈口，折腹，平底，口沿、腹部饰弦纹，泥质灰陶胎，出土时M4：46~57、66~73叠置。M4：19，器残；M4：21，器残；M4：22，口径18、底径5.4、高6厘米（图九，1）；M4：23，口径18、底径5.2、高6厘米（图九，2）；M4：26，出土时倒扣于陶罐（M4：27）上，口径18、底径6、高6厘米（图九，3）；M4：28，出土时扣置于陶罐（M4：29）上，口径17、底径5.2、高6厘米（图九，4）；M4：30，口径13.2、底径5、高4.6厘米，出土时扣置于陶罐（M4：31）上（图九，5）；M4：32，口径12.8、底径5.4、高4.6

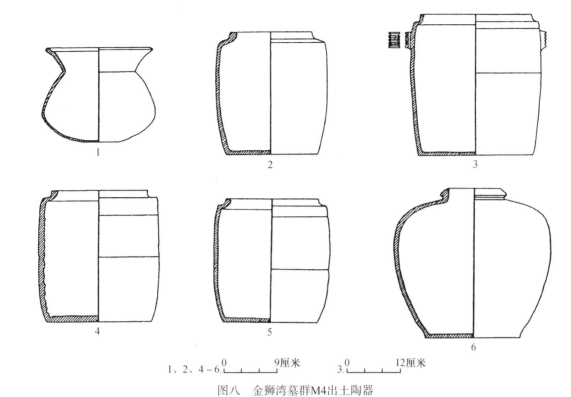

1、2、4~6 0 9厘米 3 0 12厘米

图八 金狮湾墓群M4出土陶器

1. 圜底罐（M4:44） 2~5. 筒形罐（M4:39、42、43、60） 6. 平底罐（M4:65）

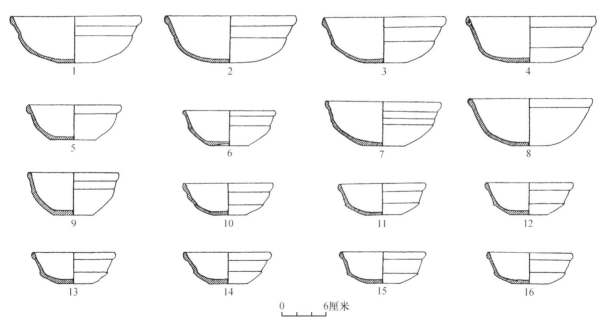

0 6厘米

图九 金狮湾墓群M4出土陶钵

1~16. M4:22、23、26、28、30、32、37、38、41、46~52

厘米（图九，6）；M4：35，器残，出土时扣于M4：34陶壶上；M4：37，出土时与M4：38
陶钵叠置，口径17、底径6、高6.2厘米（图九，7）；M4：38，口径18.5、底径5.4、高6厘米
（图九，8；图版三五，4）；M4：40，残；M4：41，口径12.5、底径5.2、高4.5厘米（图九，
9）；M4：46，口径13、底径5、高4.4厘米（图九，10）；M4：47，口径12.8、底径5.2、高
4.4厘米（图九，11）；M4：48，口径12.8、底径5.4、高4.4厘米（图九，12）；M4：49，口
径12.6、底径5、高4.4厘米（图九，13）；M4：50，口径12.8、底径5.4、高4.4厘米（图九，
14）；M4：51，口径12.6、底径5、高4.4厘米（图九，15）；M4：52，口径12.6、底径5.2、
高4.4厘米（图九，16）；M4：53，口径12.8、底径5.2、高4.4厘米（图一〇，1）；M4：54，
口径12.6、底径5.2、高4.4厘米（图一〇，2）；M4：55，口径12.6、底径5、高4.4厘米（图
一〇，3）；M4：56，口径12.6、底径5、高4.4厘米（图一〇，4）；M4：57，口径12.6、底
径5、高4.4厘米（图一〇，5）；M4：64，出土时扣于M4：65罐上，口径17、底径5.4、高6.4
厘米（图一〇，6）；M4：66，口径16.2、底径5.2、高5.6厘米（图一〇，7）；M4：67，口
径16.2、底径5.4、高6厘米（图一〇，8）；M4：68，口径17.2、底径5、高6.8厘米（图一〇，
9）；M4：69，口径17.4、底径5.4、高6.4厘米（图一〇，10）；M4：70，口径17.4、底径
5.4、高6.4厘米（图一〇，11）；M4：71，口径17.4、底径5.4、高6.4厘米（图一〇，12）；
M4：72，口径17.2、底径5、高6.2厘米（图一〇，13）；M4：73，口径17.2、底径5.4、高6.6

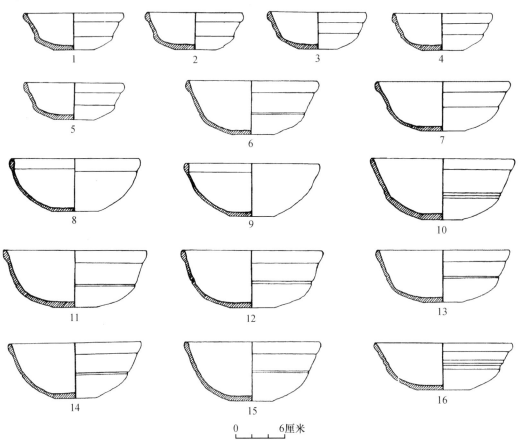

0　　　　6厘米

图一〇　金狮湾墓群M4出土陶钵

1~16. M4：53~57、64、66~75

厘米（图一〇，14）；M4：74，口径17.6、底径5.4、高7厘米（图一〇，15）；M4：75，口径17.5、底径6.4、高5.6厘米（图一〇，16）。

　　盆　3件（M4：36、45、58）。M4：36，尖唇，平沿，敞口，弧腹，圈足，腹饰两道凸弦纹，口径29.6、底径14、高12.6厘米（图一一，1）；M4：45、58，2件，形制相同，尖唇，卷沿，侈口，弧腹，平底，内底微凸，口沿饰凹弦纹，M4：45，口径28、底径15、高9.6厘米（图一一，2）；M4：58，口径35.5、底径17.5、高17厘米（图一一，3；图版三五，5）。

　　甑　1件（M4：62）。尖唇，平沿，敛口，弧腹，凹底，内底凸出，底有圆孔，腹饰绳纹，口径4.6、底径19、高25厘米（图一一，4；图版三五，6）。

　　壶　1件（M4：34）。平唇，盘口，束颈，弧肩，鼓腹，下腹内收，平底，圈足，肩饰弦纹，口径11.2、底径10.4、高16.6厘米（图一一，5；图版三六，1）。出土时，口沿上倒扣一个陶钵（M4：35）。

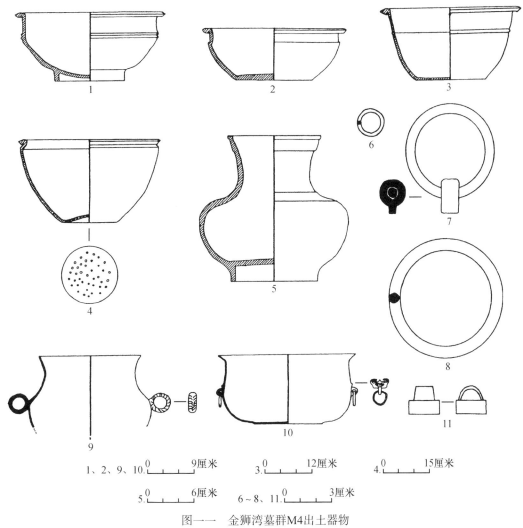

图一一　金狮湾墓群M4出土器物

1～3. 陶盆（M4：36、45、58）　4. 陶甑（M4：62）　5. 陶壶（M4：34）　6～8. 铜环（M4：9、12、13）　9. 铜鍪（M4：14）
10. 铜盆（M4：15）　11. 铜印（M4：16）

2. 铜器

12件（组），器型有环、鍪、盆、印、铜钱等。

环　3件（M4：9、12、13），均为圆形环状，截面呈圆形。M4：9，直径1.6厘米（图一一，6）；M4：12，环上附小环，外径5.4、内径4.2厘米（图一一，7）；M4：13，外径6.7、内径5.5厘米（图一一，8）。

鍪　1件（M4：14）。圆唇，侈口，弧颈，折肩，弧腹，底残，两侧各附一鋬，口径17.6厘米（图一一，9）。

盆　1件（M4：15）。圆唇，侈口，弧腹，平底。两侧各饰一兽面衔环铺首，口径26、底径13、高13.5厘米（图一一，10）。

印　1件（M4：16）。方印，桥纽，印文"谢佻印"，篆书，阴刻，反文，边长1.8、高1.6厘米（图一一，11；图版三六，2）。

铜钱　6组（M4：1~6），均为"五铢"，钱文篆书，有外郭，少数孔上有一横或孔下有一星，素背，有内外郭，外径2.5、孔径1、厚0.1厘米。M4：1，250枚；M4：2，9枚；M4：3，192枚；M4：4，233枚；M4：5，150枚；M4：6，11枚。

3. 其他

7件，器型有铁剑、刀、钩、鍪、釜、石片、石块等。

铁剑　1件（M4：7）。短柄，铜剑格，双直刃，尖首，剑鞘处有丝织品痕迹，其外包裹木片，剑柄处有木痕，剑身保存完好，长96.5、宽3.8、厚1.1厘米（图一二，1）。

铁刀　1件（M4：8）。环首，直背，弧刃，残长10厘米。

铁钩　1件（M4：10）。环首，直背，弯钩，长2.5厘米（图一二，2）。

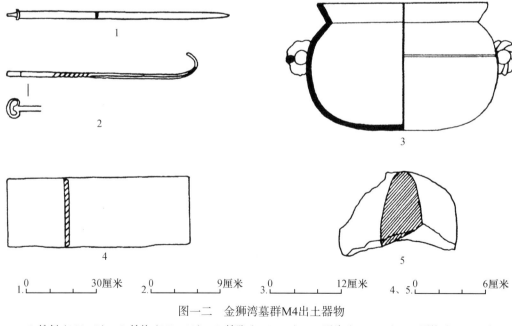

图一二　金狮湾墓群M4出土器物

1. 铁剑（M4：7）　2. 铁钩（M4：10）　3. 铁鍪（M4：59）　4. 石片（M4：11）　5. 石块（M4：61）

铁鍪 1件（M4∶59）。尖唇，侈口，束颈，弧肩，鼓腹，圜底，两侧附双竖系，肩饰弦纹，口径28、高20厘米（图一二，3；图版三六，3）。

铁釜 1件（M4∶63）。尖唇，直口，弧肩，鼓腹，平底，器残。

石片 1件（M4∶11）。长方形薄片，正面有彩绘，长16、宽5.8、厚0.4厘米（图一二，4）。

石块 1件（M4∶61）。卵石打击而成，长10.8、宽7、厚4厘米（图一二，5）。

（二）M6

位于金狮湾墓群Ⅰ区T0302、T0402中（图一三），为凸字形土坑墓，方向113度，通长5.75、宽4、残高0～1.7米，墓葬在发掘前遭盗扰，盗洞位于墓室西侧与墓道的结合部，长1.1、宽0.85、深1.4米。M6由墓室、墓道两部分构成，墓道为斜坡式，偏于墓室北侧，坡度4.5度，长2.3、宽1.5～1.58米；墓室为长方形，长4、宽3.4、深1.55～1.9米（图一四）。葬具痕迹不明显，从墓内出土器物分布情况判断，应有两棺；墓室角部清理出三件石块应为木椁结合部起支垫作用（图版八～图版一〇）。

M6内共清理出陶罐、钵、盆、鼏、壶、熏、铜鍪、铁刀、釜、石片、石块及铜钱等，共计45件（套、组）。

1. 陶器

34件。灰陶胎30件，器型有罐、钵、鼏、壶、盆；红陶胎4件，器型有钵、熏、盆、盖壶。

平底罐 4件（M6∶12、18、19、31），形制相同，圆唇，侈口，束颈，弧肩，鼓肩，平底。M6∶12，肩部两道凹弦纹，口径9.6、底径8、高10.6厘米（图一五，1）；M6∶18，夹细砂灰陶胎，素面，口径10、底径10.8、高12.3厘米（图一五，2）；M6∶19，夹细砂灰陶胎，

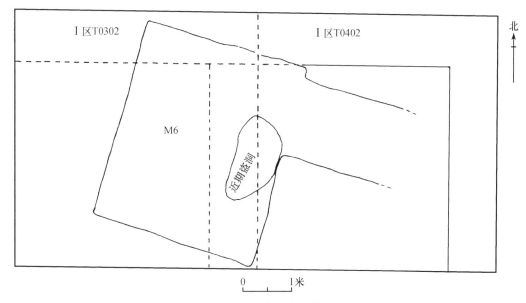

图一三 金狮湾墓群M6位置图

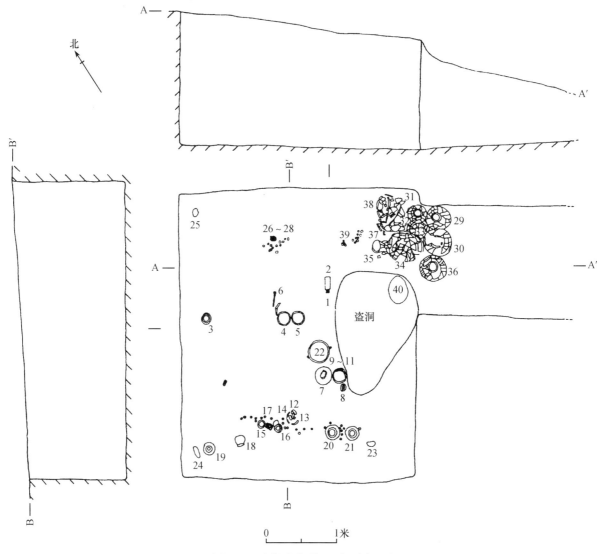

图一四　金狮湾墓群M6平、剖面图

1. 陶章　2. 石片　3. 陶筒形罐　4、5、8～11、14～17、33. 陶钵　6. 铁刀　7、35. 陶壶　12、18、19、31. 陶平底罐

13. 陶熏　20、21、29、30、32、36、37. 陶圜底罐　22. 铜鍪　23～25. 石块　26～28、39. 铜钱　34、38. 陶盆　40. 铁釜

（41～45. 陶钵出于盗洞内）

肩部饰两道弦纹与一圈水波纹，口径10、底径8.4、高11厘米（图一五，3；图版三六，4）；
M6：31，肩饰凹弦纹，口径12.4、底径15.2、高15.2厘米（图一五，4）。

　　圜底罐　7件（M6：20、21、29、30、32、36、37）。其中M6：20、21，共2件，形制相
同，圆唇，平沿，微侈口，束颈，折肩，弧腹，圜底，肩、腹及底部饰细绳纹。M6：20，口
径13.7、高23.4厘米（图一五，5）；M6：21，口径12、高14.3厘米（图一五，6；图版三六，
5）。M6：29、32、36，共3件，形制相同，圆唇，平沿，直口，束颈，折肩，鼓腹，圜底，
肩部饰弦纹一道，肩、腹、底饰细绳纹。M6：29，口径13.6、高15.4厘米（图一五，7）；
M6：32，器残；M6：36，口径13、高21.2厘米（图一五，8）。M6：30、37，共2件，形制
相同，圆唇，敛口，束颈，折肩，近直腹，下腹斜收，圜底，肩、腹饰凹弦纹。M6：30，器
残；M6：37，口径19.8、高30.8厘米（图一六，1）。

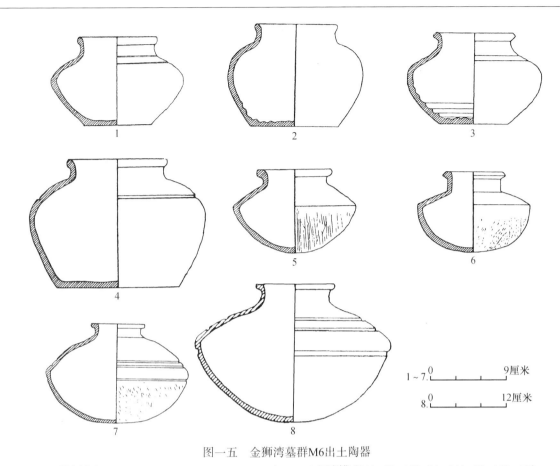

图一五　金狮湾墓群M6出土陶器

1～4.平底罐（M6：12、M6：18、M6：19、M6：31）　5～8.圜底罐（M6：20、M6：21、M6：29、M6：36）

筒形罐　1件（M6：3）。筒形，圆唇，折肩，直腹，下腹斜收，平底，腹部饰三道弦纹，口径11.2、底径11.2、高11.7厘米（图一六，2；图版三六，6）。

钵　16件（M6：4、5、8～11、14～17、33、41～45）。其中M6：4、5、10、11、14、33、41、45，共8件，形制相同，圆唇，侈口，折腹，平底。M6：4，下腹及底部涂有朱砂，口径18、底径5.6、高6.6厘米（图一六，3）；M6：5，下腹及底部涂有朱砂，口径18、底径5.6、高6.6厘米（图一六，4）；M6：10，口径18、底径5.2、高6厘米（图一六，5）；M6：11，口径18、底径5.4、高6厘米（图一六，6）；M6：14，口径17、底径4.6、高6厘米（图一六，7）；M6：33，腹部饰一道弦纹，口径18、底径6、高7.2厘米（图一六，8）；M6：41，口径17.4、底径5.6、高6.4厘米（图一六，9）；M6：45，口饰一道弦纹，出土于盗洞内，口径12.6、底径3.6、高4.4厘米（图一六，10）。M6：8、15、16、17，共4件，形制相同，圆唇，侈口，弧腹，平底。M6：8，口径12、底径5.4、高5厘米（图一六，11）；M6：15，口径12.4、底径5.6、高4.6厘米（图一六，12）；M6：16，口径12.6、底径5.6、高4.6厘米（图一六，13）；M6：17，口径12.6、底径5.6、高5厘米（图一七，1；图版三七，1）。M6：42、43、44，共3件，均出土于盗洞内，形制相同，圆唇，侈口，鼓腹，平底，腹饰一道凹弦纹。M6：42，泥质红陶胎，器表施半釉，器内施釉，釉呈深褐色，口径22、底径9.6、高8.4厘米（图一七，2）；M6：43，口径12、底径5.6、高5厘米（图一七，3）；M6：44，口径12.2、底径5.2、高4.8厘米（图一七，4）；M6：9，圆唇，侈口，折腹，平底，腹饰弦纹，口

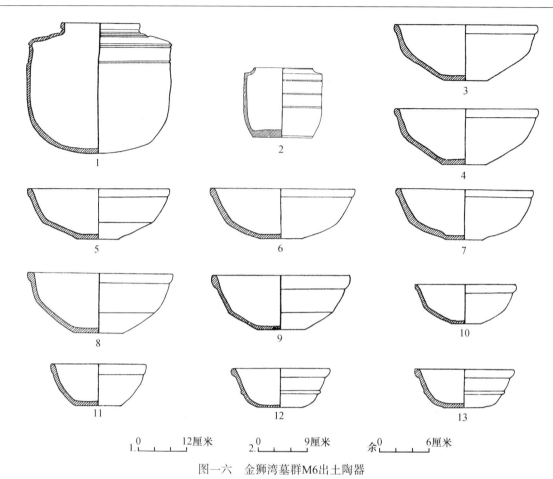

1. □　0　　　12厘米　　　2. □　0　　　9厘米　　　余□　0　　　6厘米

图一六　金狮湾墓群M6出土陶器

1. 圜底罐（M6：37）　2. 筒形罐（M6：3）　3～13. 钵（M6：4、5、10、11、14、33、41、45、8、15、16）

径16、底径5.7、高6厘米（图一七，5）。

　　章　1件（M6：1）。陶章扁平，上圆下方，上部阴刻"亭"字，底面涂有朱砂，边长2.8、厚1.3厘米（图一七，6；图版三七，5）。

　　壶　2件（M6：7、35）。M6：7，平唇，盘口，束颈，折肩，弧腹，平底微内凹，肩部饰三道弦纹，口径13、底径15.5、高22厘米（图一七，7）；M6：35，子母口，盖面呈弧形，饰三个乳钉凸，盖面施黄褐釉；壶为平唇，盘口，直颈，弧肩，鼓腹，圈足，泥质红陶胎，口、肩、腹、足饰有弦纹，肩两侧各饰一个兽面衔环铺首，口径15.8、底径16.2、高30厘米（图一七，8；图版三七，3）。

　　熏　1件（M6：13）。盖为平沿，尖顶，表面饰一圈锯齿纹及"山"形纹，有9个出烟孔；熏为圆唇，子母口，弧肩，束柄，弧座，圈足，肩、座饰弦纹，泥质红陶胎，黄褐釉，口径9.6、底径11.2、通高12.4厘米（图一七，9；图版三七，4）。

　　盆　2件（M6：34、38）。M6：34，尖唇，弧沿，敞口，斜腹，平底，腹饰一道凸弦纹，口径37.2、底径19.8、高17.2厘米（图一八，1；图版三七，2）；M6：38，圆唇，敞沿，侈口，鼓腹，平底，泥质红陶胎，黄褐釉，腹部饰弦纹，口径25.8、底径7.5、高8.4厘米（图一八，2）。

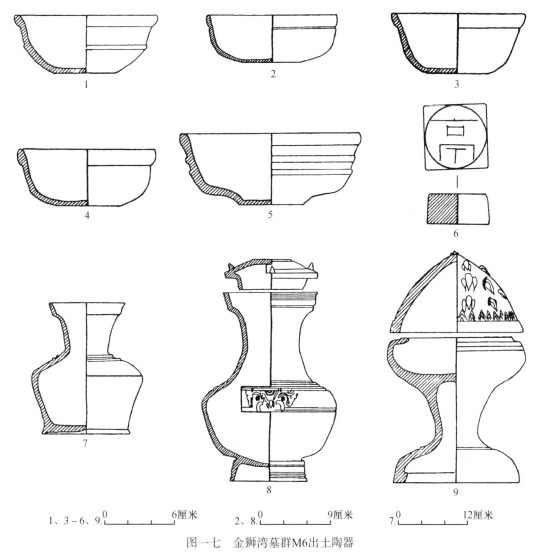

1、3～6、9. 0   6厘米   2、8. 0   9厘米   7. 0   12厘米

图一七　金狮湾墓群M6出土陶器

1～5.钵（M6：17、42、43、44、9）　6.章（M6：1）　7、8.壶（M6：7、35）　9.熏（M6：13）

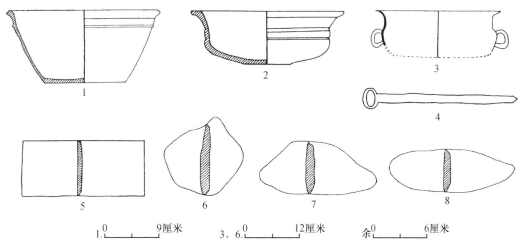

1. 0   9厘米   3、6. 0   12厘米   余 0   6厘米

图一八　金狮湾墓群M6出土器物

1、2.陶盆（M6：34、38）　3.铜鍪（M6：22）　4.铁刀（M6：6）　5.石片（M6：2）　6～8.石块（M6：23～25）

2. 铜器

5件（组），器型有鎏、铜钱。

鎏　1件（M6：22）。圆唇，侈口，弧颈，斜肩，弧腹，平底，两侧各饰一环形铺首，底部有一道"凸"纹，口径28.4、残高10厘米（图一八，3）。

铜钱　4组（M6：26～28、39），钱文篆书，有外郭，背有内外郭。M6：26，钱文"货泉""大泉五十"，共151枚，其中"货泉"149枚，"大泉五十"2枚，外径2.1、孔径0.7、厚0.1厘米；M6：27，共62枚，钱文"五铢"，"朱"字圆肩，外径2.5、孔径1、厚0.1厘米；M6：28，共18枚，钱文"五铢"，"朱"字折肩，外径2.5、孔径1、厚0.1厘米；M6：39，共11枚，钱文"五铢"，"朱"字折肩，外径2.4、孔径1、厚0.1厘米。

3. 其他

6件。器型主要有铁刀、釜、石片、石块等。

铁刀　1件（M6：6）。环首，直柄，弧刃，长18、宽0.8厘米（图一八，4；图版三七，6）。

铁釜　1件（M6：40）。敛口，弧肩，鼓腹，平底。器残。出土于盗洞内。

石片　1件（M6：2）。长方形薄片，青灰色石质，一面涂有朱砂，长15.2、宽6.4、厚0.4厘米（图一八，5）。

石块　3件（M6：23～25）。M6：23，形状不规则，红褐色卵石，长16.8、宽17、厚3厘米（图一八，6）；M6：24，呈不规则近椭圆状，黑色卵石，长14.4、厚6厘米（图一八，7）；M6：25，呈不规则近长方体状，黑色卵石，长15.6、厚5厘米（图一八，8）。

二、长方形竖穴土坑墓

金狮湾墓群共发掘长方形竖穴土坑墓12座，编号M1、M2、M3、M7、M8、M9、M10、M11、M12、M13、M14、M15。

（一）M1

位于金狮湾墓群Ⅰ区T0907、T1007中（图一九），方向38度，长4.9、宽3.9、深1.65～3.15米。墓口局部被现代沟打破，未见其他扰乱迹象，墓口西南高，东北低，填土为褐色花土，土质松软。葬具为一棺一椁，长方形木棺位于椁内南侧，残存部分棺痕和漆皮，漆皮呈枣红色，沿木棺的边线发现有三种铜棺钉，人骨无存；椁痕离墓坑约0.2米，器物位于木椁内西侧与南侧。M1内共清理出陶罐、钵、井、甑、铜盆、釜、钫、棺钉、铁釜、支架及铜钱等，共计40件（套、组）（图二〇；图版一一、图版一二）。

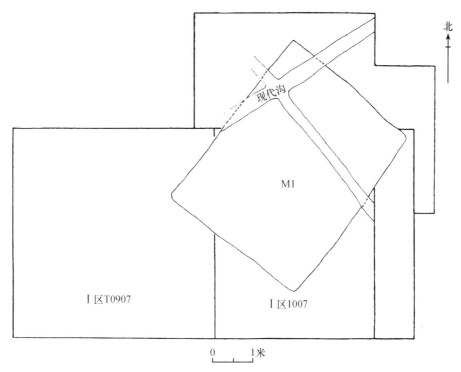

图一九 金狮湾墓群M1位置图

1. 陶器

27件（套），器型有罐、钵、井、甑等，均为泥质灰陶胎。

平底罐 15件（M1：1～12、24、27、31）。M1：1～12、24、27，共14件，形制相同，圆唇，侈口，束颈，圆肩，鼓腹，平底。肩饰弦纹、网纹。M1：1，口径12.8、底径24、高23.2厘米（图二一，1；图版三八，1）；M1：2，口径12.8、底径23.2、高23厘米（图二一，2）；M1：3，口径12.7、底径23.6、高22.5厘米（图二一，3）；M1：4，口径12.4、底径23、高22.5厘米（图二一，4）；M1：5，口径12.5、底径24、高22厘米（图二一，5）；M1：6，口径13、底径23.5、高22.4厘米（图二一，6）；M1：7，口径12.5、底径24.2、高23.3厘米（图二二，1）；M1：8，口径13、底径23、高22.8厘米（图二二，2）；M1：9，口径12.6、底径24、高23.3厘米（图二二，3）；M1：10，口径12.4、底径24.3、高22.6厘米（图二二，4）；M1：11，口径12.7、底径23.5、高22厘米（图二二，5）；M1：12，口径13.2、底径23.6、高23.4厘米（图二二，6）；M1：24，口径12.8、底径23.6、高22.8厘米（图二三，1）；M1：27，口径13.5、底径26.8、高27.6厘米（图二三，2）；M1：31，出土时位于陶井（M1：20）下，圆唇，侈口，束颈，弧肩，弧腹，平底微凹底，口径4.2、底径2、高4.5厘米（图二四，2）。

圜底罐 2件（M1：13、23）。M1：13，圆唇，侈口，弧颈，弧肩，圆腹，圜底，腹、底饰细绳纹，口径12.4、底径4、高15.2厘米（图二三，3；图版三八，2）；M1：23，方唇，平沿，直口，束颈，圆肩，圆腹，圜底，腹、底饰绳纹，口径14、高13.8厘米（图二三，4；图版三八，3）。

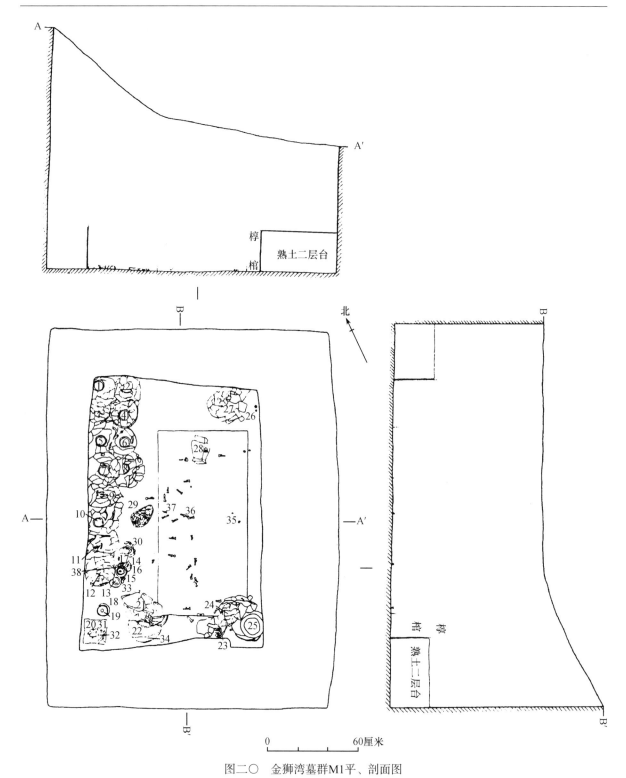

图二〇　金狮湾墓群M1平、剖面图

1～12、24、27、31.陶平底罐　13、23.陶圜底罐　14～19、38.陶钵　20.陶井　21.陶甗　22.铁釜　25、30.铜鍪　26.铜钱　28.铜钫　29.铜盆　32.陶筒形罐　33.蛋壳　34.铁支架　35.铜钉　36、37.铜棺钉

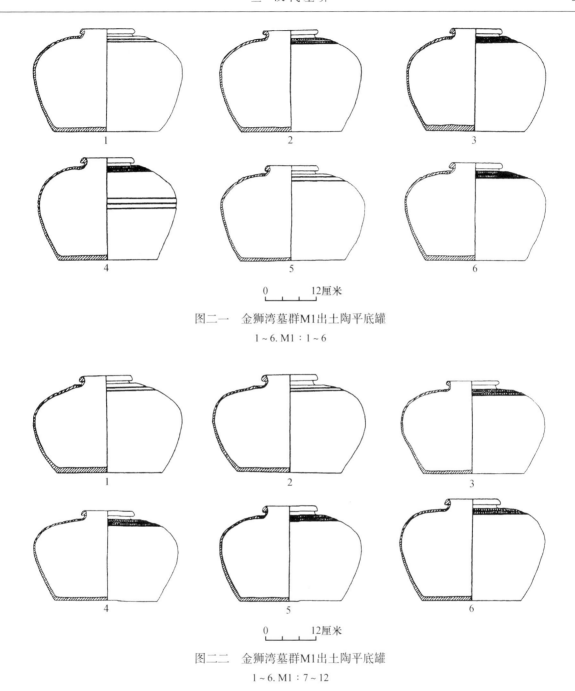

0　　　　12厘米

图二一　金狮湾墓群M1出土陶平底罐

1~6. M1：1~6

0　　　　12厘米

图二二　金狮湾墓群M1出土陶平底罐

1~6. M1：7~12

筒形罐　1件（M1：32）。圆唇，子母口，直腹，平底，两侧各附一耳，腹饰弦纹，口径16.5、底径18.4、高19.5厘米（图二三，5；图版三八，4）。

钵　7件（M1：14~19、38）。其中，M1：15~19、38，共6件，形制相同，圆唇，侈口，折腹，平底，内底凸起，内壁有红色彩绘。M1：15，口径14.8、底径5.2、高4.6厘米（图二三，6）；M1：16，口径13、底径：4.4、高4厘米（图二三，7）；M1：17，口径14、底径4.6、高4.4厘米（图二三，8）；M1：18，口径14、底径4.6、高4.4厘米（图二三，9）；M1：19，内底红色彩绘上有指纹，口径12.8、底径4.8、高4.2厘米（图二三，10）；M1：38，口径13.4、底径4.6、高4.4厘米（图二三，11）；M1：14，圆唇，侈口，弧腹，下腹内收，平底，外沿下饰一道凹弦纹；口径11.8、底径5、高3.8厘米（图二三，12；图版三八，5）。

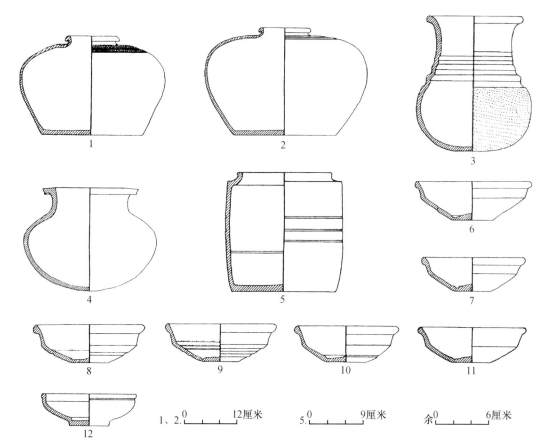

图二三　金狮湾墓群M1出土陶器

1、2. 平底罐（M1：24、27）　　3、4. 圆底罐（M1：13、23）　　5. 筒形罐（M1：32）　　6～12. 陶钵（M1：15～19、38、14）

井　1套（M1：20）。平面呈方形，四角凸出，方形井口两侧各有一支架孔，榫卯口长条形支架，条状横梁，圆圈形器座，井面饰网格纹，口径31.6、底30.8、高20厘米（图二四，1；图版三八，6）。出土时井下有一件陶罐（M1：31）。

甑　1件（M1：21）。圆唇，平沿，敛口，弧腹，凹底，内底凸起，底部有孔。泥质灰陶胎，上腹饰一圈细绳纹，口径45.8、底15、高26厘米（图二四，4；图版三九，1）。出土时位于铁釜（M1：22）上。

2. 铜器

10件（组），器型有鍪、钫、盆、钉、棺钉、铜钱等。

鍪　2件（M1：25、30）。M1：25，圆唇，斜沿，侈口，折颈，弧肩，弧腹，底残，口沿内饰一道弦纹，两侧各有一环状耳，器内发现残存鱼骨，口径29厘米（图二四，3；图版三九，2）。M1：30，敞沿，微敛口，圆腹，器残。

钫　1件（M1：28）。方形，平唇，侈口，束颈，弧肩，弧腹，方足，两侧各饰一个兽面衔环铺首，口径12.6、底径13.4、高33.6厘米（图二四，5；图版三九，3、4）。

盆　1件（M1：29）。平沿，微敛口，弧腹，平底，器残。

钉　3枚（M1：35）。形制、大小相同，圆弧形钉帽，尖钉，鎏金，长2.1、直径2.4厘米

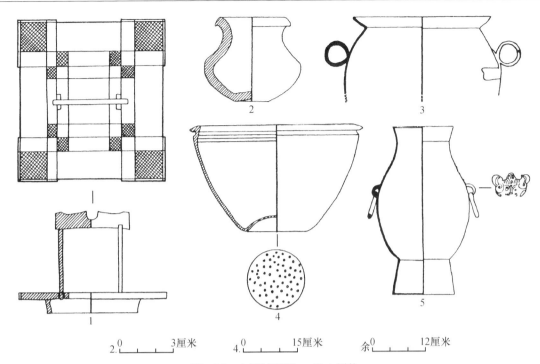

图二四 金狮湾墓群M1出土器物

1. 陶井（M1：20） 2. 陶平底罐（M1：31） 3. 铜鍪（M1：25） 4. 陶甑（M1：21） 5. 铜钫（M1：28）

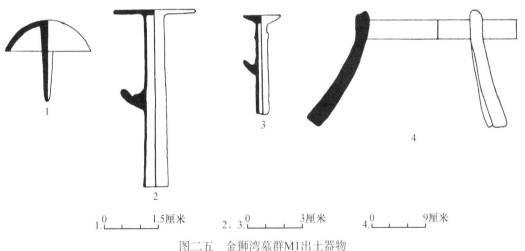

图二五 金狮湾墓群M1出土器物

1. 铜钉（M1：35） 2、3. 铜棺钉（M1：36、37） 4. 铁支架（M1：34）

（图二五，1）。

棺钉 2组（M1：36、37），形制相同，大小不同，圆形钉帽，钉呈圆柱状，有倒钩。M1：36，24枚，器形较大，钉孔中发现有木屑，长9.2、直径4.6厘米（图二五，2；图版三九，5）；M1：37，10枚，器形较小，长5.2、直径2厘米（图二五，3）。

铜钱 1组（M1：26）。19枚，"五铢"钱文篆书，有外郭，"铢"字折肩；素背，有内外郭，外径2.6、内径1、厚0.15厘米。

3. 其他

3件，主要有铁釜、支架及蛋壳。

釜　1件（M1：22）。圆唇，敛口，鼓肩，弧腹，平底。铁质，肩腹衔接处有合范痕迹。残，锈蚀严重。出土时位于铁支架（M1：34）上。

支架　1件（M1：34）。带状铁环附三足，环截面呈长方形，上置有铁釜（M1：22），直径26.5、高18.8厘米（图二五，4；图版三九，6）。

蛋壳　1片（M1：33）。乳黄色，薄片状，出土时为碎片，无法采集。

（二）M2

位于金狮湾墓群Ⅰ区T0705、T0706、T0805、T0806中，方向33度（图二六），长4.25、宽3.1、深0.96～1.84米，墓口距地表0.1～0.3米。填土为黄褐色五花土，较松软，夹杂土粒（块），包含红烧土粒、植物根系、少量的草木灰、料姜石粒（块）等。在发掘前该墓

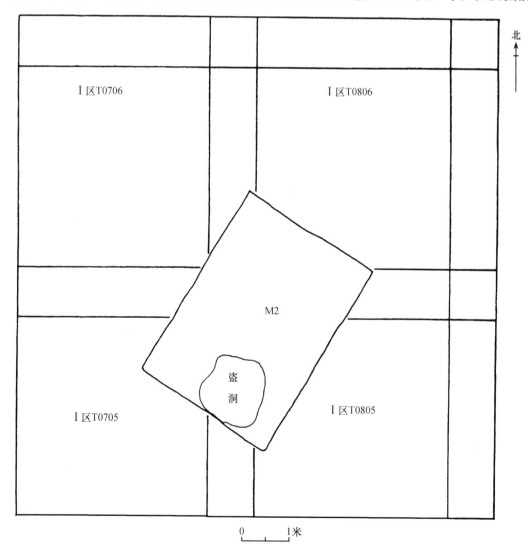

图二六　金狮湾墓群M2位置图

已被盗，盗洞口位于墓葬的南侧中部，呈长方形，袋状，底部被盗的范围较大，长0.84、宽
0.5～0.58米，内有破碎的陶片。出土器物分布在墓室东部，器类有铜器、铁器、陶器等，共计
31件（组）（图二七、图版一三）。

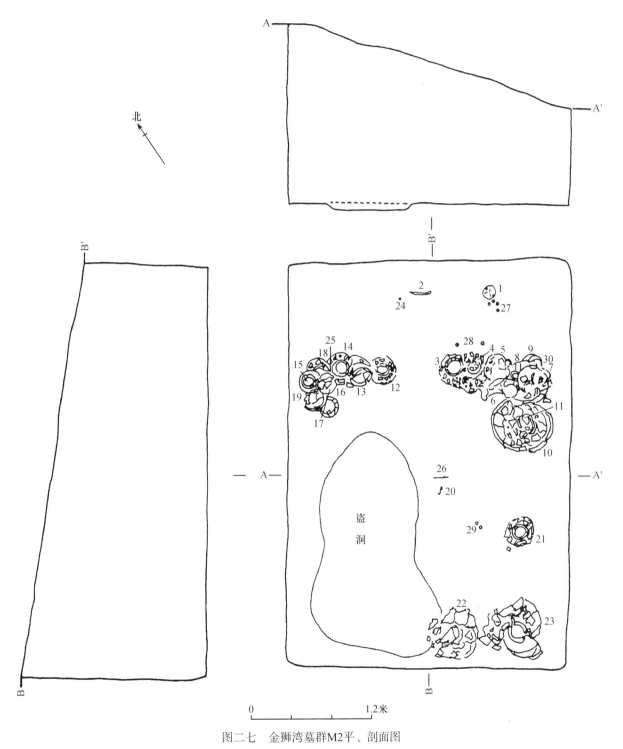

图二七　金狮湾墓群M2平、剖面图

1. 铜敦　2. 铁刀　3、23. 陶平底罐　4、11～16、21、22、25、30. 陶圜底罐　5、6. 铜鍪　7. 陶甑　8. 铁釜　9. 陶壶　10. 陶盆
17、18. 陶钵　19. 陶器盖　20. 铜带钩　24. 铜环　26. 铜刀　27、28. 铜钱　29. 铜棺钉

1. 陶器

19件，其中泥质灰陶胎16件，器型有罐、钵、井、甑等；泥质褐陶胎2件，器型有器盖（M2：19）、盆（M2：10）；夹砂硬陶胎1件，器型为罐（M2：30）。

平底罐　2件（M2：3、23），形制相同，圆唇，卷沿，束颈，圆肩，鼓腹，平底，肩饰弦纹。M2：3，器残；M2：23，口径12、底径27.6、高24厘米（图二八，1；图版四〇，1）。

圜底罐　11件（M2：4、11～16、21、22、25、30）。其中，M2：4、11～16、21、22、30，共10件，形制相同，尖唇，平沿，侈口，束颈或直颈，折肩，鼓腹，圜底，肩、腹、底饰细绳纹。M2：4，口径15.2、高22厘米（图二八，2）；M2：11，口径13.6、高15.8厘米（图二八，3）；M2：12，残；M2：13，口径14、高14.6厘米（图二八，4）；M2：14，口径13、高14厘米（图二八，5）；M2：15，口径14.8、高14厘米（图二八，6；图版四〇，2）；M2：16，口径14.6、高15厘米（图二八，7）；M2：21，口径13.2、高16.2厘米（图二八，8）；M2：22，口径14、高14.2厘米（图二九，1）；M2：30，夹砂硬陶胎，口径14.2、高14厘米（图二九，2）。M2：25，平沿，束颈，圆肩，圆腹，圜底，肩另饰弦纹，口径17、高25.5厘米（图二九，3）。

钵　2件（M2：17、18）。M2：17，圆唇，敛口，弧腹，下腹内收，平底，口径内饰一道

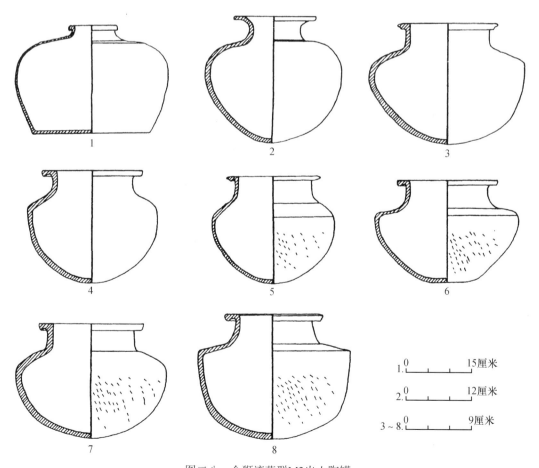

图二八　金狮湾墓群M2出土陶罐

1. 平底罐（M2：23）　　2～8. 圜底罐（M2：4、11、13～16、21）

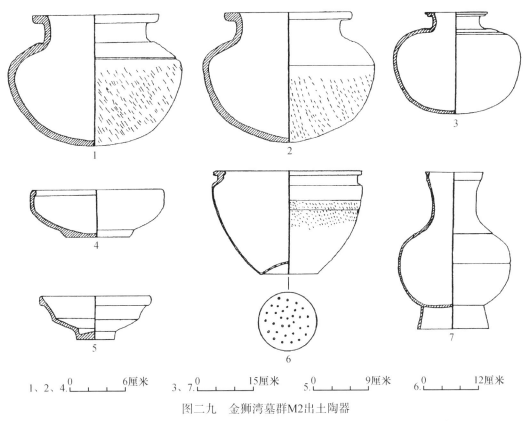

1、2、4.[0____6厘米] 3、7.[0____15厘米] 5.[0____9厘米] 6.[0____12厘米]

图二九 金狮湾墓群M2出土陶器

1~3.圜底罐（M2：22、30、25） 4、5.钵（M2：17、18） 6.甑（M2：7） 7.壶（M2：9）

凹弦纹，口径14、底径6.8、高5.2厘米（图二九，4；图版四〇，3）；M2：18，圆唇，侈口，折腹，平底，口下有一道弦纹，口径18、底径6、高6.4厘米（图二九，5）。

甑 1件（M2：7）。方唇，平沿，敛口，束颈，弧腹，凹底，底上布满孔，腹饰细绳纹、弦纹，口径32、底径12、高21厘米（图二九，6；图版四〇，4）。

壶 1件（M2：9）。平唇，盘口，弧颈，圆肩，鼓腹，圈足，颈、肩、腹、足饰弦纹，口径15、底径18、高38.5厘米（图二九，7；图版四〇，5）。

盆 1件（M2：10）。方唇，平沿，微侈口，鼓腹，圈足，泥质褐陶胎，黑色陶衣，腹饰细弦纹，口径46、底径23、高21.5厘米（图三〇，1；图版四〇，6）。

盖 1件（M2：19）。圆唇，子母口，弧顶，泥质褐陶胎，黑色陶衣，素面，口径16.8、高4厘米（图三〇，2；图版四一，1）。

2. 铜器

10件（组），器型主要有敦、鍪、带钩、环、刀、铜钱、棺钉等。

敦 1件（M2：1）。尖唇，敞口，弧腹，圜底，三足，两侧各附一个铜环，足上有孔，素面，口径11.8、高3.5厘米（图三〇，3；图版四一，2）。

鍪 2件（M2：5、6）。形制相同，圆唇，敞沿，折颈，弧肩，底残。

带钩 1件（M2：20）。方首，弧颈，弧身，圆扣。铜质，素面，长6.6、宽1.2、高1.1厘米（图三〇，4；图版四一，3）。

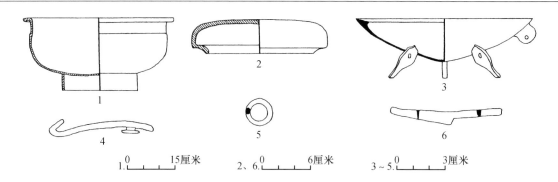

图三〇　金狮湾墓群M2出土器物

1. 陶盆（M2：10）　2. 陶器盖（M2：19）　3. 铜敦（M2：1）　4. 铜带钩（M2：20）　5. 铜环（M2：24）
6. 铜刀（M2：26）

　　环　1件（M2：24）。圆形，截面呈圆形。铜质，素面，直径1.7、厚0.4厘米（图三〇，5）。

　　刀　1件（M2：26）。直柄，直背，弧刃。铜质，素面，长13.8、宽5、厚2.2厘米（图三〇，6；图版四一，4）。

　　铜钱　2组（M2：27、28）。M2：27，共14枚，"五铢"钱文篆书，有外郭，素背，有内外郭，外径2.5、孔径1、厚0.1厘米；M2：28，共2枚，"半两"钱文篆书，素背，无内外郭；外径2.4、孔径0.9、厚0.1厘米。

　　钉　2件（M2：29）。圆弧形钉帽，尖钉，直径1.3厘米。

3. 铁器

　　2件。器型为刀、釜。

　　刀　1件（M2：2）。环首，直背，弧刃，器残。

　　釜　1件（M2：8）。敛口，弧肩，弧腹，底残，器残。

（三）M3

　　位于金狮湾墓群Ⅰ区T0603、T0604内，方向214度，长3.4、宽0.9～2.2、深0.1～0.7米。墓的东侧坑线受地形影响，已不见。该墓在发掘前已经被盗，盗洞位于墓的南侧中部，深0.2米，及底。墓内有木椁痕迹，椁内放器物，椁的范围内发现有一薄层朱砂，可能为木椁上的残留。墓室中发现有骨骼，残存少量牙齿和腿骨，头向西南，身长1.6米，牙齿较小，齿冠无磨损。器物位于骨骼的左侧和脚部，共计8件，主要有铜器、铁器、陶器等（图三一；图版一四）。

1. 陶器

　　6件，器型有罐、甑、钵等，均为泥质灰陶胎。

　　圜底罐　4件（M3：1～4）。M3：1，尖唇，平沿，直口，束颈，折肩，鼓腹，圜底，

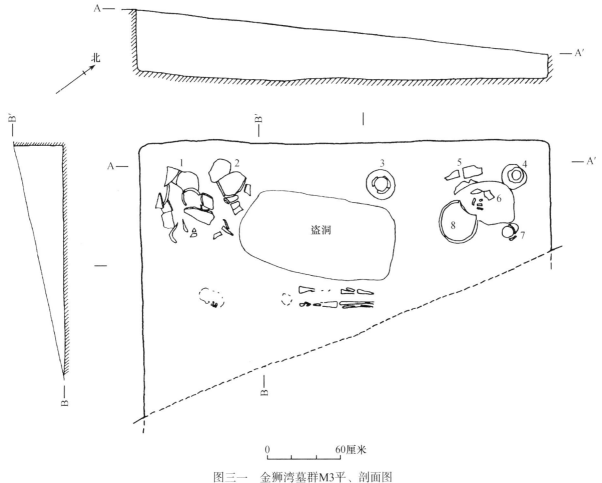

图三一 金狮湾墓群M3平、剖面图

1～4.陶圜底罐 5.陶甑 6.铁釜 7.陶钵 8.铜盆

肩、腹、底饰细绳纹，口径17.6、高24.2厘米（图三二，1；图版四一，5）；M3：2，尖唇，平沿，敛口，束颈，折肩，斜直腹，圜底，肩、腹饰弦纹，腹、底饰细绳纹，肩部有彩绘，口径16、高27.5厘米（图三二，2）；M3：3、4，共2件，形制相同，尖唇，平沿，直口或微侈口，束颈，折肩，弧腹，圜底，腹、底饰细绳纹，M3：3，肩部有彩绘；口径14.6、高14.5厘米（图三二，3）；M3：4，口径14.4、高16厘米（图三二，4）。

甑　1件（M3：5）。弧腹，底部内凹，有穿孔。器残。

钵　1件（M3：7）。圆唇，敛口，弧腹，平底内凹，口径12.4、底径6、高4.4厘米（图三二，5；图版四一，6）。

2. 其他

2件，器型为铜盆、铁釜。

铜盆　1件（M3：8）。圆唇，敛口，弧腹，底微凹，口径32.2、底径19、高9厘米（图三二，6；图版四一，7）。

铁釜　1件（M3：6）。圆唇，敛口，弧肩，弧腹，平底。器残。

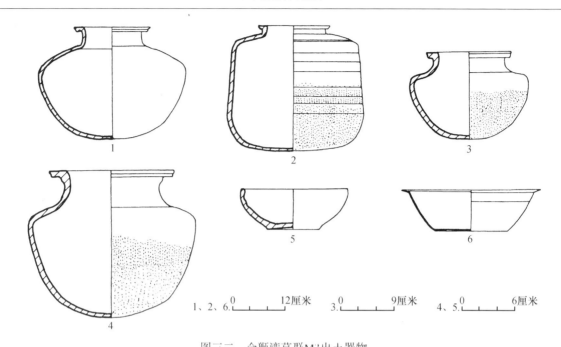

图三二　金狮湾墓群M3出土器物

1~4.陶圈底罐（M3：1~4）　5.陶钵（M3：7）　6.铜盆（M3：8）

（四）M7

位于金狮湾墓群Ⅰ区T 0706、T0806、T0807中（图三三），方向35度，长3.4、宽1.8、深0.25~0.8米，M7东北角打破M8西南角。在发掘前该墓已被盗，盗洞位于墓室北侧，及底。出土器物位于墓室西侧，共清理出陶罐、钵、甑、铜盆、钫、铁釜、支架等，共计21件（图三四；图版一五、图版一六）。

1.陶器

16件，其中泥质灰陶胎15件，器型为罐、钵、甑等；泥质褐陶胎1件，器型为罐（M7：7）。

平底罐　11件（M7：5、8~16、21）。M7：5、15，共2件，形制相同，圆唇，敛口，斜颈，弧肩，弧腹，下腹斜收，平底，腹部饰有网格纹，肩部彩绘已脱落，口径27、底径13、高35.2厘米（图三五，1）；M7：15，腹部饰绳纹，口径22.8、底径12.4、高34厘米（图三五，2）。M7：8、11~13，共4件，形制相同，圆唇，卷沿，侈口，束颈，圆肩，鼓腹，平底，肩部饰三道弦纹；M7：8，口径12.6、底径17.4、高20.8厘米（图三五，3）；M7：11，口径12、底径18.2、高22.5厘米（图三五，4）；M7：12，腹、底残；M7：13，口径12.4、底径17、高20.5厘米（图三五，5；图版四二，1）。M7：9、10、14、21，共4件，形制相同，圆唇，近直颈，弧肩，弧腹，平底。M7：9，口沿饰一道凸弦纹，肩部饰弦纹及细绳纹，腹部饰细绳纹，口径12、底径14、高16.5厘米（图三五，6）；M7：10，肩饰弦纹，腹饰细绳纹，口径13.5、底径13.6、高15.6厘米（图三六，1）；M7：14，口沿饰一道凸弦纹，肩、腹部饰细绳纹，口径12.4、底径14、高16.5厘米（图三六，2）；M7：21，口沿外饰一道凸弦纹，上腹饰一圈纵向细绳纹，下腹饰细弦纹，口径11.8、底径12.8、高17.6厘米（图三六，3）。M7：16，圆唇，

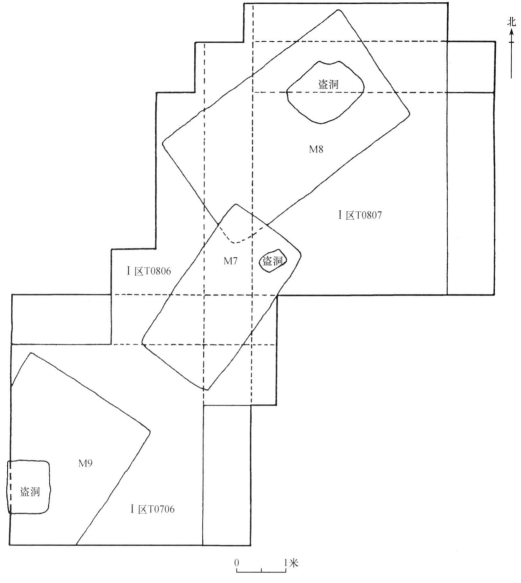

图三三 金狮湾墓群M7位置图

卷沿、微侈口、束颈、弧肩、弧腹、平底，黑色陶衣，肩、腹饰弦纹，口径11.6、底径10.6、高12厘米（图三六，4）。

圜底罐 1件（M7：7）。圆唇，平沿，微侈口，束颈，折肩，弧腹，圜底，泥质褐陶胎，腹及底饰细绳纹，口径14.6、底径6、高14.7厘米（图三六，5；图版四二，2）。

筒形罐 1件（M7：17）。圆唇，子母口，近直腹，平底，附两对称竖系，腹部饰两道凹弦纹，口径14、底径18.8、高15.6厘米（图三六，6；图版四二，3）。

钵 2件（M7：3、4），形制相同，圆唇，微敛口，弧腹，平底或微内凹，口部饰弦纹。M7：3，口径12.6、底径5.6、高5厘米（图三六，7）；M7：4，口径12.8、底径4.5、高5厘米（图三六，8；图版四二，4）。

瓿 1件（M7：18）。微敛口，平沿，弧腹，底内凹，底有小孔，腹部饰凹弦纹、细绳纹，口径38、底径12、高24厘米（图三六，9；图版四二，5）。

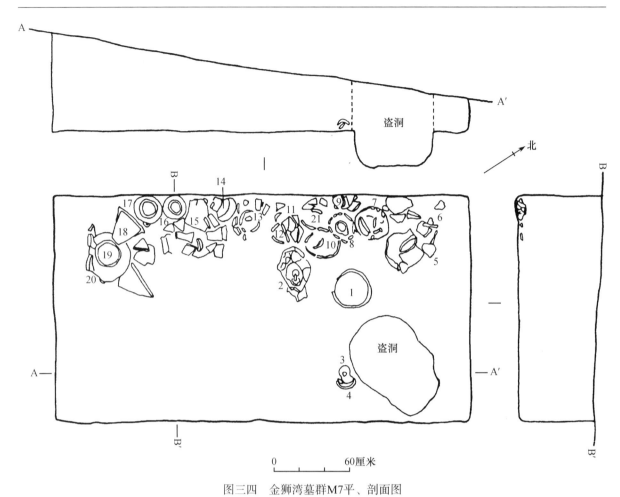

图三四　金狮湾墓群M7平、剖面图

1.铜盆　2.铜钫　3、4.陶钵　5、8~16、21.陶平底罐　6.铁器　7.陶圜底罐　17.陶筒形罐　18.陶甑　19.铁鍪　20.铁支架

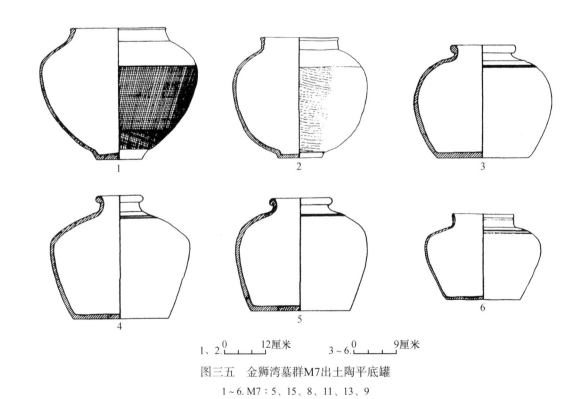

1、2. 0 ⊢—⊣ 12厘米　　3~6. 0 ⊢—⊣ 9厘米

图三五　金狮湾墓群M7出土陶平底罐

1~6. M7：5、15、8、11、13、9

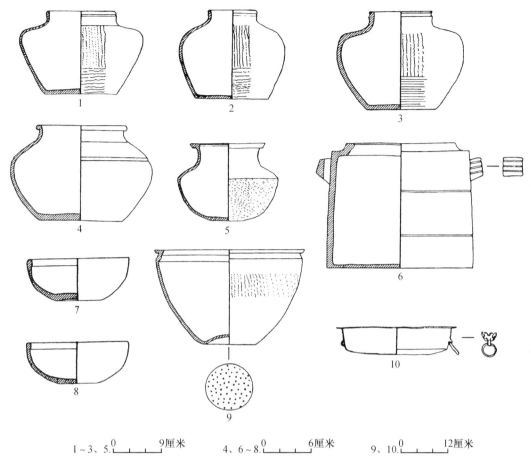

1~3、5. $\underbrace{0 \quad\quad\quad\quad 9}_{}$厘米　　4、6~8. $\underbrace{0 \quad\quad\quad 6}_{}$厘米　　9、10. $\underbrace{0 \quad\quad\quad 12}_{}$厘米

图三六　金狮湾墓群M7出土器物

1~4. 陶平底罐（M7：10、14、21、16）　5. 陶圈底罐（M7：7）　6. 陶筒形罐（M7：17）　7、8. 陶钵（M7：3、4）

9. 陶甑（M7：18）　10. 铜盆（M7：1）

2. 其他

5件。器型为铜盆、钫、铁鍪、支架等。

铜盆　1件（M7：1）。圆唇，平沿，直腹斜收，弧底平收，两侧各附一个兽面衔环铺首，口径31、底径16、高6.5厘米（图三六，10；图版四二，6）。

铜钫　1件（M7：2）。尖唇，方口，束颈，弧肩，鼓腹，方足，两侧各附一个兽面衔环铺首，外底有深褐色的木屑，器残。

铁器　1件（M7：6）。呈长条形，一端窄薄，通体锈蚀，长11.5、宽1.4、厚0.4厘米。

铁鍪　1件（M7：19）。圆唇，敛口，弧肩，鼓腹，底残，肩部附竖向双弧形系。器残。

铁支架　1件（M7：20）。带状环，附三足，环截面呈长方形，上置铁鍪（M7：19）。器残。

（五）M8

位于金狮湾墓群Ⅰ区T 0807中（图三七），方向58度，长4.3、宽2.65、深1.43米，M8西南角被M7打破。发掘前被盗，盗洞位于墓室的北侧，及底。器物集中在墓室的西侧，主要有陶罐、壶、铜钩等，共计8件（图三八；图版一七）。

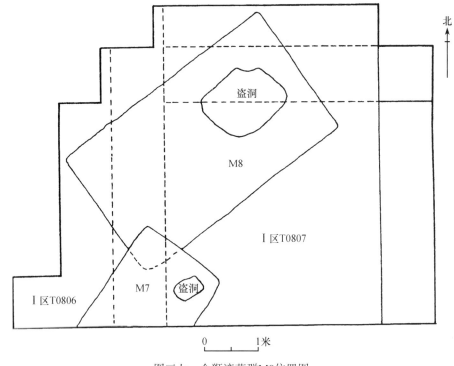

图三七　金狮湾墓群M8位置图

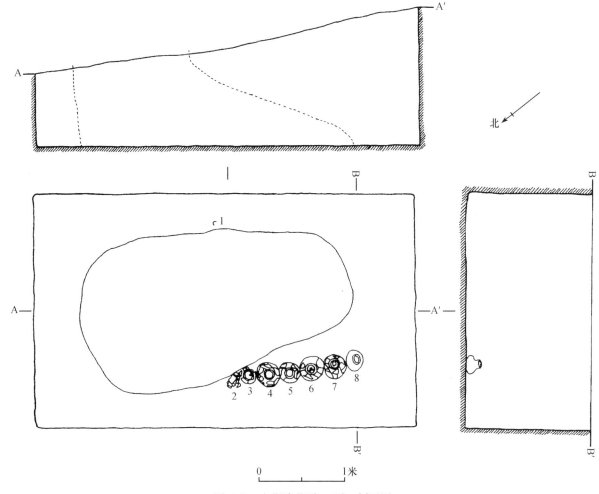

图三八　金狮湾墓群M8平、剖面图

1.铜钩　2~7.陶平底罐　8.陶壶

1. 陶器

7件，器型为罐、壶，均为泥质灰陶胎。

平底罐 6件（M8：2~7），形制相同，方唇，平沿，近直颈，弧肩，斜腹，平底，肩部饰一道弦纹。M8：2，残；M8：3，口径14、底径17.6、高13厘米（图三九，1）；M8：4，腹部饰细绳纹，口径14、底径23.6、高15.6厘米（图三九，2；图版四三，3）；M8：5，口径13.2、底径22、高15.2厘米（图三九，3）；M8：6，口径13.4、底径23.2、高15.6厘米（图三九，4）；M8：7，口径13.5、底径23.7、高15.6厘米（图三九，5）。

壶 1件（M8：8）。平唇，侈口，束颈，弧肩，鼓腹，下腹内收，圈足，肩部贴附对称铺首，并饰一道弦纹，口径13.5、底径9.5、高22厘米（图三九，6；图版四三，1、2）。

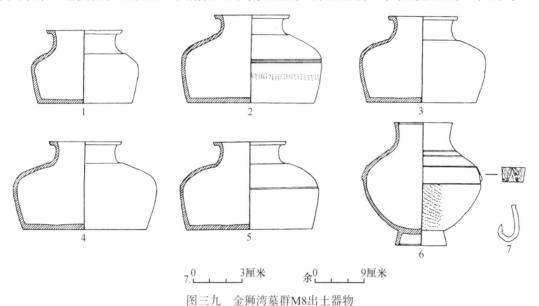

7. 0 ——— 3厘米 余 0 ——— 9厘米

图三九 金狮湾墓群M8出土器物
1~5.陶平底罐（M8：3、4、5、6、7） 6.陶壶（M8：8） 7.铜钩（M8：1）

2. 铜器

1件，器型为钩。

钩 1件（M8：1）。呈"J"形，钩尖端有倒刺，长2.2厘米（图三九，7）。

（六）M9

位于金狮湾墓群Ⅰ区T 0706、T0705中（图四〇），方向33度，长4.3、宽2.95、深1.1~2.4米。发掘前被盗，盗洞位于墓室的北侧，及底，被盗的范围较大，剩余的陶器多数残破，出土器物分布在墓室西侧，主要有陶罐、鼎、盒、铜带钩、棺钉、铁剑及铜钱等，共计24件（组）（图四一；图版一八、图版一九）。

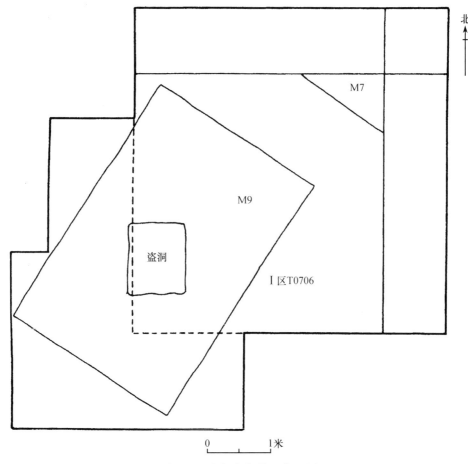

图四〇　金狮湾墓群M9位置图

1. 陶器

19件。器型主要有罐、鼎、盒等，均为泥质灰陶胎，表面多饰彩绘。

平底罐　13件（M9：1、3～10、19、21～23），形制相同，圆唇，侈口，束颈，圆肩，弧腹，平底，肩饰弦纹及红色彩绘。M9：1，口径14、底径27.6、高24厘米（图四二，1）；M9：3，口径12、底径17.5、高17.6厘米（图四二，2）；M9：4，口径15.2、底径30、高27.5厘米（图四二，3；图版四三，4）；M9：5，口径14.5、底径26.5、高25.8厘米（图四二，4）；M9：6，口径15.2、底径32、高29.2厘米（图四二，5）；M9：7，口径11、底径17.5、高17.8厘米（图四二，6）；M9：8，口径13.6、底径27.2、高24厘米（图四二，7）；M9：9，口径14.2、底径27.2、高24.8厘米（图四二，8）；M9：10，口径11.4、底径17、高16.8厘米（图四三，1）；M9：19，器残；M9：21，器残；M9：22，器残；M9：23，口径12.5、底径20.8、高18厘米（图四三，2）。

圜底罐　2件（M9：2、24）。M9：2，尖唇，平沿，直口，直颈，折肩，弧腹，圜底，腹、底饰细绳纹，口径14.5、高14.6厘米（图四三，3；图版四三，5）；M9：24出土于盗洞内，圆唇，宽沿，侈口，束颈，弧肩，圆腹，圜底，肩、腹、底饰细绳纹，口径14.8、高13.6厘米（图四三，4）。

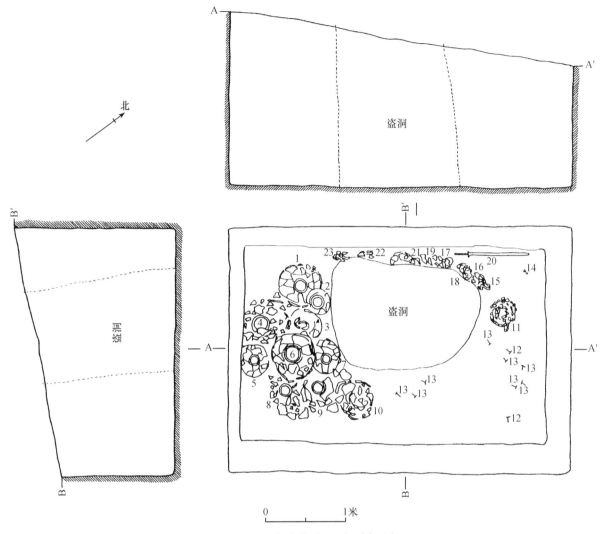

图四一　金狮湾墓群M9平、剖面图

1、3~10、19、21~23.陶平底罐　2.陶圜底罐　11、15.陶鼎　12、13.铜棺钉　14.铜带钩　16、17.陶盒　18.铜钱　20.铁剑

　　鼎　2件（M9：11、15）。M9：11，盖：平唇，弧盖，附三个穿孔纽；鼎：方直耳，子母口，折肩，鼓腹，圜底，附双耳、三短足，腹饰一道凸弦纹。口径15.6、通高15.7厘米（图四三，5；图版四三，6）。M9：15，无盖，鼎的形制与M9：11近同，器残。

　　盒　2件（M9：16、17）。M9：16，子母口，弧腹，圈足，其余残；M9：17，器盖为平唇，弧盖，饰弦纹；器身为子母口，折肩，弧腹，矮圈足，饰弦纹，口径15.8、底径10.5、通高11.4厘米（图四三，6；图版四四，1、2）。

2. 铜器

　　4件（组），器型主要有铜带钩、棺钉、铜钱等。

　　棺钉　2组（M9：12、13），形制相同，圆帽，钉呈柱形，钉上有倒钩。M9：12，2枚，孔中发现有炭化木屑，长6.8、直径5厘米（图四四，1）；M9：13，8枚，长6、直径3.4厘米（图四四，2）。

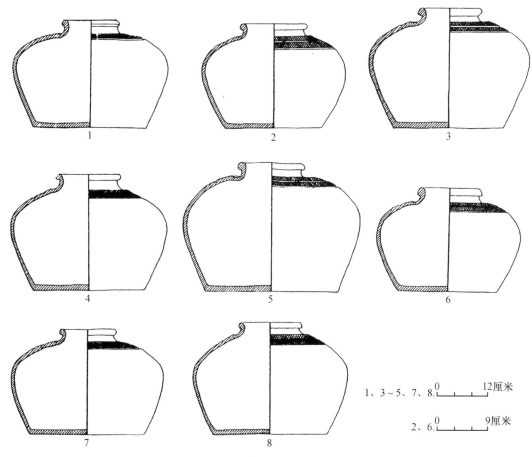

1、3~5、7、8. 0 _____ 12厘米

2、6. 0 _____ 9厘米

图四二　金狮湾墓群M9出土平底罐
1~8. M9：1、3~9

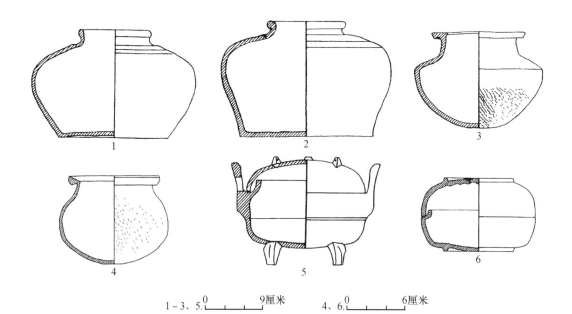

1~3、5. 0 _____ 9厘米　　　4、6. 0 ___ 6厘米

图四三　金狮湾墓群M9出土陶器
1、2.平底罐（M9：10、23）　3、4.圜底罐（M9：2、24）　5.鼎（M9：11）　6.盒（M9：17）

带钩　1件（M9：14）。圆首，折颈，弧身，圆座，素面，长5.8、宽1.3、高1.2厘米（图四四，3；图版四四，3）。

铜钱　1组（M9：18）。15枚，"五铢"钱文篆书，有外郭，"朱"字折肩，背面有内外郭，外径2.5、孔径1.1、厚0.1厘米（图四四，4、5）。出土时位于罐（M9：16）下。

3. 铁器

1件，器型为剑。

剑　1件（M9：20）。柄呈长条形，铜质剑格，双面直刃，尖首，截面呈菱形，长97.5、宽3.5、厚0.9厘米（图四四，6；图版四四，4）。

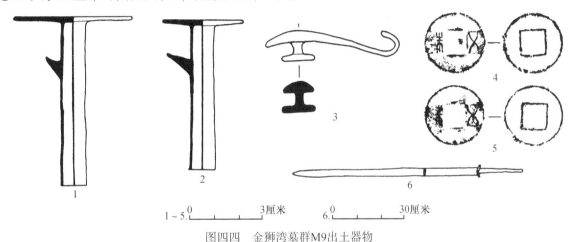

图四四　金狮湾墓群M9出土器物

1、2. 铜棺钉（M9：12、13）　3. 铜带钩（M9：14）　4、5. 铜钱（M9：18）　6. 铁剑（M9：20）

（七）M10

位于金狮湾墓群Ⅱ区T 0407中，方向130度，长4.2、宽3.8、深3.2米。两棺一椁结构，椁室平面呈"Ⅱ"字形，椁长4.2、宽2.88、残高0.9米，椁厚0.08～0.18米，榫卯结构。器物位于椁室的两端，主要有陶罐、钵、鼎、壶、盒、井、灯、瓿、盆、铁臿、刀、斧、釜、铜鍪、棺钉、铜钱及石器等，共计65件（组）（图四五；图版二〇、图版二一）。

1. 陶器

53件（套）。其中，泥质灰陶胎51件；泥质褐陶胎2件，器型为钵（M10：28）、盒（M10：29）。

平底罐　29件（M10：9～12、14、20～23、30～33、35～45、47～51）。M10：9～12、21～23、30～32、40、41、43～45、47～50，共19件，形制相同，圆唇，侈口，束颈，圆肩，鼓腹，平底，肩饰凹弦纹和网格纹。M10：9，口径11、底23.4、高24.3厘米（图四六，1）；M10：10，口径12.4、底22.8、高21.6厘米（图四六，2）；M10：11，口径12.7、底22.6、高22厘米（图四六，3）；M10：12，口径12.5、底22.8、高21.5厘米（图四六，4）；M10：21，口径12.5、底25.2、高22.8厘米（图四六，5）；M10：22，口径13.1、底24、高24.5厘米

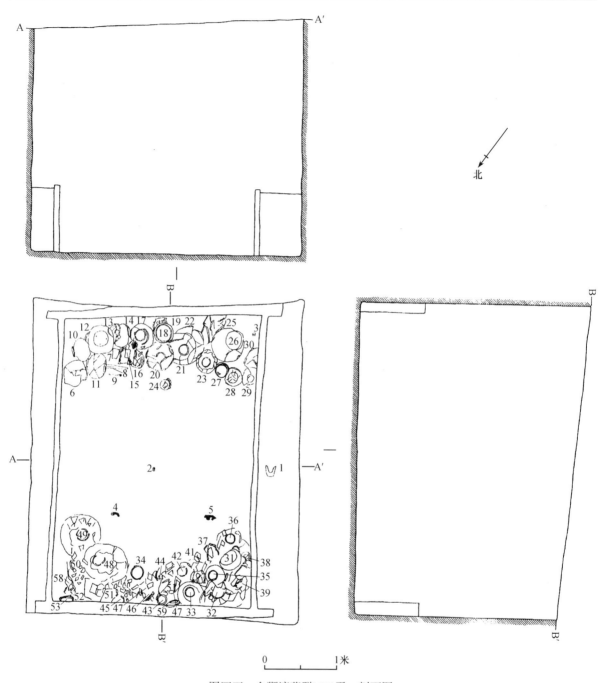

图四五　金狮湾墓群M10平、剖面图

1. 铁臿　2. 铜棺钉　3~5、55. 铜钱　6、8. 铁刀　7. 铁斧　9~12、14、20~23、30~33、35~45、47~51. 陶平底罐
13、17. 陶壶　15. 陶井　16、18、34. 陶筒形罐　19. 铜鍪　24. 陶灯　25. 陶瓿　26. 铁鍪　27、28、52、53、60~65. 陶钵
29、46、59. 陶盒　54. 陶盆　56、58. 陶鼎　57. 石块

（图四六，6；图版四四，5）；M10：23，口径11.4、底24.4、高24.2厘米（图四六，7）；M10：30，口径11.5、底17.8、高19.8厘米（图四六，8）；M10：31，口径12、底21.8、高22.2厘米（图四六，9）；M10：32，口径12.5、底21.8、高23.3厘米（图四六，10）；M10：40，口径12、底20.2、高20厘米（图四六，11）；M10：41，口径12、底23.5、高24.4厘米（图四六，12）；M10：43，口径12.5、底25、高22.3厘米（图四六，13）；M10：44，口径13.8、

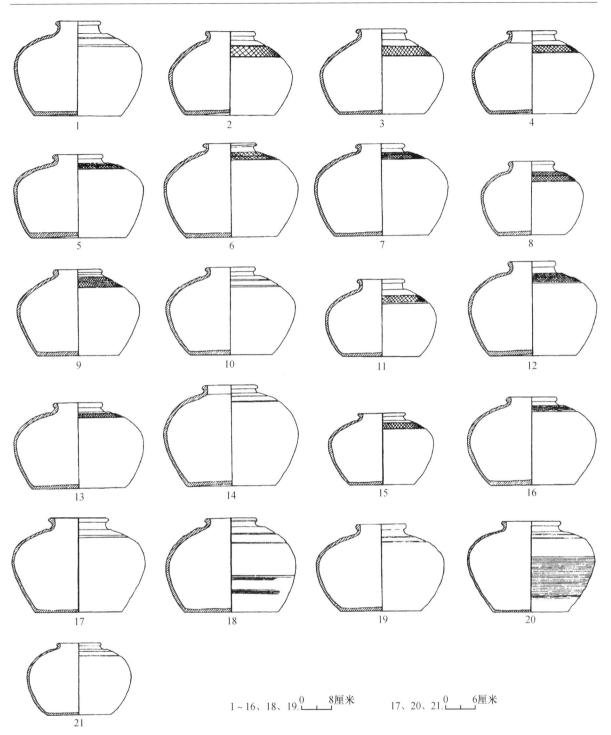

1～16、18、19. $\underset{0}{\sqsubset\!\sqsupset}$ 8厘米   17、20、21. $\underset{0}{\sqsubset\!\sqsupset}$ 6厘米

图四六 金狮湾墓群M10出土陶平底罐

1～21. M10：9、10、11、12、21、22、23、30、31、32、40、41、43、44、45、47、14、20、33、35、36

底23.8、高26.2厘米（图四六，14）；M10：45，口径11.5、底17.4、高18.6厘米（图四六，15）；M10：47，口径12.5、底22.5、高23.2厘米（图四六，16）；M10：48，器残；M10：49，器残；M10：50，器残，口径15厘米。M10：14、20、33、35～39、42、51，共10件，形制相同，圆唇，侈口，束颈，弧肩，鼓腹，平底，肩饰弦纹。M10：14，口径12.7、底18.8、高19厘米（图四六，17）；M10：20，口径12.8、底25、高24.4厘米（图四六，18）；M10：

33，口径12.4、底20.6、高22.7厘米（图四六，19）；M10：35，口径12.6、底15.8、高18.4厘米（图四六，20）；M10：36，口径11、底16.8、高19.5厘米（图四六，21）；M10：37，口径12.5、底18、高18.7厘米（图四七，1）；M10：38，口径11.8、底22、高24.2厘米（图四七，2）；M10：39，口径13.5、底23、高22.8厘米（图四七，3）；M10：42，口径12、底22.5、高21.6厘米（图四七，4）；M10：51，器残，口径15厘米。

筒形罐　3件（M10：16、18、34）。M10：18、34，共2件，形制相同，方唇，子母口，近直腹，平底，两侧各附一直系，腹、系饰弦纹。M10：18，口径15.6、底17.2、高19厘米（图四七，5；图版四四，6）；M10：34，口径13、底14.5、高14.8厘米（图四七，6）；M10：16，圆唇，子母口，近直腹，平底，腹饰凹弦纹，口径17.6、底19.6、高20.8厘米（图四七，7）。

钵　10件（M10：27、28、52、53、60~65），形制相同，圆唇，侈口，折腹，平底，内底微凸，少数器物饰弦纹。M10：27，器残，底径7厘米；M10：28，泥质褐陶胎，器残；

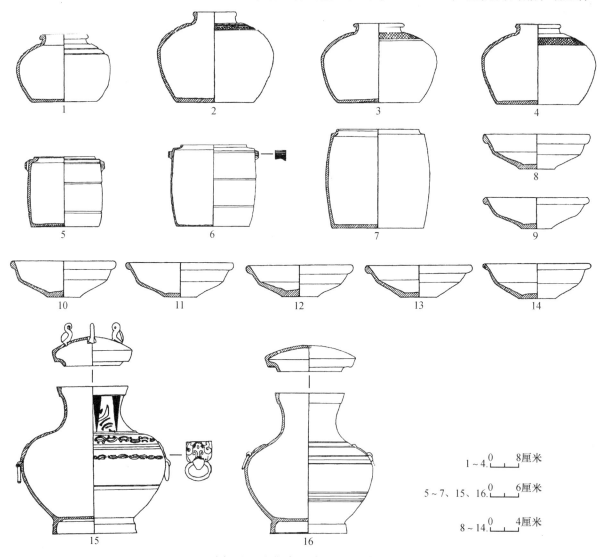

图四七　金狮湾墓群M10出土陶器

1~4.平底罐（M10：37~39、42）　5~7.筒形罐（M10：18、34、16）　8~14.钵（M10：53、60~65）
15、16.壶（M10：13、17）

M10：52，内外饰多条弦纹，器残；M10：53，口径14.8、底径5、高4.8厘米（图四七，8）；M10：60，口径14.5、底径4.5、高4.4厘米（图四七，9）；M10：61，口径14.7、底径4.8、高5厘米（图四七，10；图版四四，7）；M10：62，口径15.2、底径4.8、高4.8厘米（图四七，11）；M10：63，口径14.8、底径5、高4.5厘米（图四七，12）；M10：64，口径14.8、底径5.2、高4.4厘米（图四七，13）；M10：65，口径14.8、底径5、高4.9厘米（图四七，14）。

壶　2件（M10：13、17），形制相同，有盖和壶两部分。盖：子母口，折沿，弧形盖面，面上有三个圆形穿孔；壶：方唇，盘口，弧颈，圆肩，鼓腹，平底，圈足，肩两侧各贴塑一个兽面衔环铺首。M10：13，盖孔内插有卷云形装饰，白色漆绘，颈、肩部有白色和红色的彩绘，内容为几何纹、卷云纹，口径16.4、底径18.8、高33.5厘米（图四七，15；图版四五，1~5）；M10：17，颈部饰有朱砂，肩饰弦纹，腹、足饰弦纹，口径15.6、底径17、高30厘米（图四七，16；图版四五，6）。

井　1件（M10：15）。平面呈“井”字形，圈足，井口呈正方形，井面饰网格纹，长28.6、宽27.5、通高19厘米（图四八，1；图版四六，1）。

灯　1件（M10：24）。方唇，侈口，内底微凹，豆形柄，喇叭状足，足饰弦纹，柄中空，口径15.2、底径11.8、高17.4厘米（图四八，2；图版四六，2）。

甑　1件（M10：25）。宽沿，敞口，弧腹，内底微凸，底有三圈直径1厘米的孔，腹饰弦

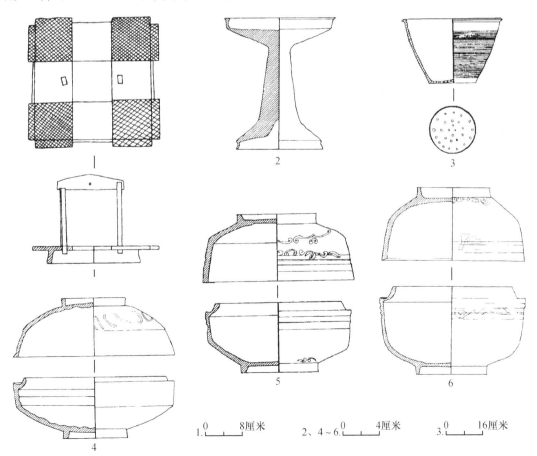

图四八　金狮湾墓群M10出土陶器

1. 井（M10：15）　2. 灯（M10：24）　3. 甑（M10：25）　4~6. 盒（M10：29、46、59）

纹，口径43.2、底径20、高27厘米（图四八，3；图版四六，3）。

盒　3件（M10：29、46、59），形制相同，有上下两部分。盖呈覆钵状，方唇，侈口，折腹，圜底，圈足；壶为子母口，折腹，圜底，圈足。M10：29，泥质褐陶胎，盖、腹饰红色卷云纹，口径21.5、底8.1、高14.6厘米（图四八，4）；M10：46，腹以上用红白两色，绘有卷云纹及弦纹，口径16.6、底径10、高8.9厘米（图四八，5；图版四六，5）；M10：59，盖及腹部用红、白两色绘有卷云纹和弦纹，口径16.2、底径9.6、高11厘米（图四八，6；图版四六，6）。

盆　1件（M10：54）。圆唇，宽沿，敞口，折腹，平底，腹饰弦纹，口径30、底径16.5、高13.5厘米（图四九，1；图版四六，4）。

鼎　2件（M10：56、58），形制相同，直耳，圆唇，子母口，弧腹，圜底，三蹄状足，腹饰弦纹。M10：56，口径16.4、高12.2厘米（图四九，2；图版四七，1）；M10：58，口径16.41、高16.3厘米（图四九，3；图版四七，2）。

2. 铜器

6件（组），器型为钉、鍪、铜钱等。

钉　1件（M10：2）。圆弧形钉帽，尖钉，长15、最大径1.5厘米（图四九，4）。

鍪　1件（M10：19）。圆唇，侈口，折颈，折肩，鼓腹，圜底，两侧各附一环状錾，器残，口径20、腹径30厘米。

铜钱　4组（M10：3~5、55），形制相同。"五铢"钱文篆书，有外郭，"朱"字折肩，背面有内外郭，外径2.5、内径0.9~1、厚0.1厘米。M10：3，1枚（图四九，5）；M10：4，31枚；M10：5，44枚（图版四七，3）；M10：55，23枚。

3. 铁器

5件。器型有舌、刀、斧、鍪等。

舌　1件（M10：1）。弧首，平面呈"U"形，内侧有一圈凹槽，长13、宽12.8、厚0.1~2.2厘米（图四九，6；图版四七，5）。

刀　2件（M10：6、8）。M10：6，直刃，弧背，直柄，环首，残长14.7、宽1~1.3、厚0.1~0.5厘米（图四九，7；图版四七，4）；M10：8，近直刃，刀首刃部略弧，平首，直背，直柄，长51、宽1.7~4.4、厚0.1~0.8厘米（图四九，8）。

斧　1件（M10：7）。弧刃，长方形口，截面呈"V"形，长11.8、宽6.3~8.8、厚0.1~3.7厘米（图四九，9；图版四七，6）。

鍪　1件（M10：26）。圆唇，侈口，直颈，圆肩，腹、底残，两侧附双弧形系。器残。

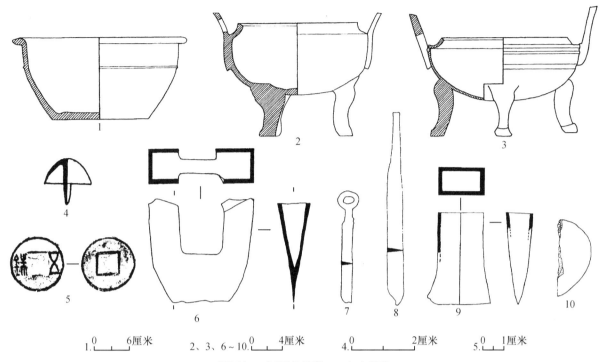

图四九　金狮湾墓群M10出土器物

1. 陶盆（M10：54）　2、3. 陶鼎（M10：56、58）　4. 铜钉（M10：2）　5. 铜钱（M10：3）　6. 铁臿（M10：1）
7、8. 铁刀（M10：6、8）　9. 铁斧（M10：7）　10. 石块（M10：57）

4. 石器

1件。

石块　1件（M10：57）。利用椭圆形砾石简单打击而成，断面上有一处打击点，放射线纹不明显，砾石质，长9.8、宽5、厚4.2厘米（图四九，10；图版四七，7）。

（八）M11

位于金狮湾墓群Ⅱ区T1110中，为长方形竖穴土坑墓，方向26度，长4.56、宽3.18、深1.16～1.68米。一棺一椁结构，木椁平面呈"Ⅱ"字形，榫卯结构，长4.56、宽1.98、深0.9米。出土器物位于木椁内的北、西两侧，主要有陶罐、鼎、壶、盒、钫、甑、铁刀、釜、勺及铜钱，共计25件（组）（图五○；图版二二、图版二三）。

1. 陶器

21件，其中泥质灰陶胎14件，泥质褐陶胎7件。

圜底罐　9件（M11：3～5、7～11、25），形制相同，方唇，平沿，微侈口或侈口，束颈，折肩，鼓腹，圜底，肩部或腹部饰弦纹。M11：3，素面，口径12.2、高15.4厘米（图五一，1）；M11：4，口径13、高18厘米（图五一，2）；M11：5，口径12.6、高16.6厘米（图五一，3）；M11：7，口径12.6、高15厘米（图五一，4；图版四八，1）；M11：8，口径

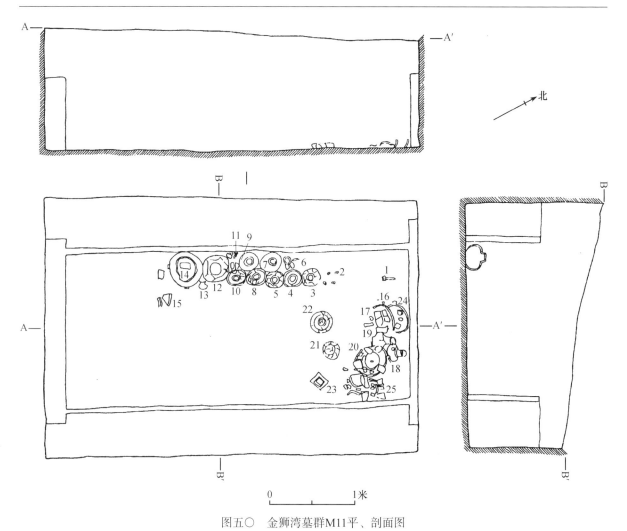

图五〇　金狮湾墓群M11平、剖面图

1. 铁刀　2. 铜钱　3~5、7~11、25. 陶圜底罐　6、12、13、20. 陶平底罐　14. 铁鍪　15. 陶甑　16、17. 陶鼎　18、19. 陶壶　21、22. 陶盒　23. 陶钫　24. 铁勺

12.8、高17.4厘米（图五一，5）；M11：9，口径13、高15.4厘米（图五一，6）；M11：10，口径13、高17.2厘米（图五一，7）；M11：11，腹饰弦纹和细绳纹，口径12.4、高15.5厘米（图五一，8）；M11：25，素面，口径12.4、高15厘米（图五二，1）。

平底罐　4件（M11：6、12、13、20）。M11：6、13，形制近同，斜沿，微侈口，近直颈，斜肩，鼓腹，平底，腹饰弦纹。M11：6，口径7.6、底径6.3、高13.6厘米（图五二，2）；M11：13，口径7、底径6.2、高13.2厘米（图五二，3）。M11：12、20，形制相同，由盖和罐构成，盖面呈弧形，方锥形纽，纽上有四个孔，罐为方唇，近直颈，圆肩，鼓腹，平底，泥质褐陶胎，黑色陶衣，内外均施朱砂。M11：12，口径13.4、底径22.2、高22厘米（图五二，4）；M11：20，口径13.8、底径22、高22.8厘米（图五二，5；图版四八，2）。

甑　1件（M11：15）。方唇，宽沿，微敛口，鼓腹，凹底，底有直径0.6厘米的圆孔，腹饰细绳纹，口径30、底径12厘米，器残。

鼎　2件（M11：16、17），形制相同，直耳，圆唇，子母口，鼓腹，圜底，蹄足，腹饰弦纹。M11：16，口径14.4、高14.1厘米（图五二，6）；M11：17，口径16、高16厘米（图

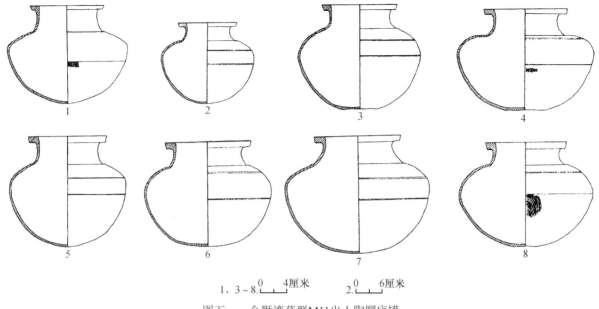

1、3~8 0___4厘米   2 0___6厘米

图五一　金狮湾墓群M11出土陶圜底罐
1~8. M11：3~5、7~11

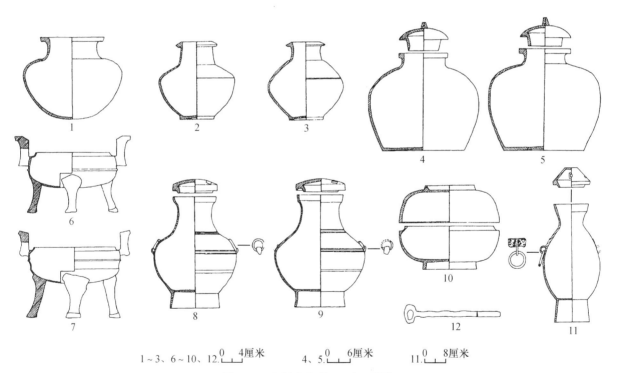

1~3、6~10、12 0___4厘米   4、5 0___6厘米   11 0___8厘米

图五二　金狮湾墓群M11出土器物

1. 陶圜底罐（M11：25）　2~5. 陶平底罐（M11：6、13、12、20）　6、7. 陶鼎（M11：16、17）　8、9. 陶壶（M11：18、19）
10. 陶盒（M11：21）　11. 陶钫（M11：23）　12. 铁刀（M11：1）

五二，7；图版四八，3）。

壶　2件（M11：18、19），形制相同。由盖和壶组成，盖：弧形盖面，子母口，面上有三个饰件已缺失；壶：方唇，盘口，弧颈，弧肩，鼓腹，平底，圈足，两侧各附一环。泥质褐陶胎，肩、腹饰弦纹。M11：18，口径8.6、底径9.6、高20.6厘米（图五二，8；图版四八，

4）；M11：19，口径9、底径12.2、高20.8厘米（图五二，9）。

盒　2件（M11：21、22），形制相同。盒分上下两部分，上部：方唇，弧盖，圈形把手；下部：子母口，鼓腹，圜底，圈足。泥质褐陶胎，黑色陶衣，腹饰弦纹。M11：21，口径16、底径9.6、高7.4厘米（图五二，10）；M11：22，器残。

钫　1件（M11：23）。由盖和钫构成，平面呈正方形。盖为盝顶，四脊，子母口，方唇，盖面有四个方孔，孔中有残断陶片；钫为方唇，侈口，束颈，弧肩，鼓腹，平底，方框形足，肩部饰两个衔环兽面铺首。泥质褐陶胎，黑色陶衣，饰几何纹彩绘，口径13、底径12.8、高42厘米（图五二，11；图版四八，5、6）。

2. 铁器

3件，器型为刀、鍪、勺等。

刀　1件（M11：1）。单面，弧刃，直背，直柄，环首，残长19.2、宽0.8、厚0.3～0.5厘米（图五二，12）。

鍪　1件（M11：14）。圆唇，直口，弧肩，鼓腹，平底，两侧各附一椭圆形系，器残。

勺　1件（M11：24）。勺体呈半球形，勺柄截面呈"V"形，壁厚0.1厘米，器残。

3. 铜钱

铜钱　1组（M11：2）。24枚，有"半两"与"五铢"两种，"半两"，钱文篆书，素背，无郭，大小厚薄不一，外径2.3～3.2、孔径0.8～0.9、厚0.05～0.2厘米（图五三，1、2）；"五铢"，钱文篆书，素背，有内外郭，外径2.5、孔径0.9、厚0.1厘米（图五三，3）。

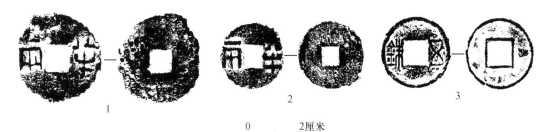

0 ———— 2厘米

图五三　金狮湾墓群M11出土铜钱
1～3. M11：2

（九）M12

位于金狮湾墓群Ⅱ区T1012中，方向148度，长4.2、宽3.8、深1.56～2.04米。榫卯结构的两棺一椁，椁室平面呈"Ⅱ"字形，长3.62、宽3.1～3.14、高0.95米。墓室西侧棺痕处发现一枚臼齿，齿根不存，齿面有轻度磨损，墓主年龄可能在30～50岁，头向西南。陶器、铁器、铜器、炭器等位于椁室四周，共96件（组）。陶器有泥质灰陶器、泥质褐陶器与黄褐釉红陶器三种，黄褐釉红陶器型较丰富，主要有罐、钵、盆等（图五四；图版二四～图版二六）。

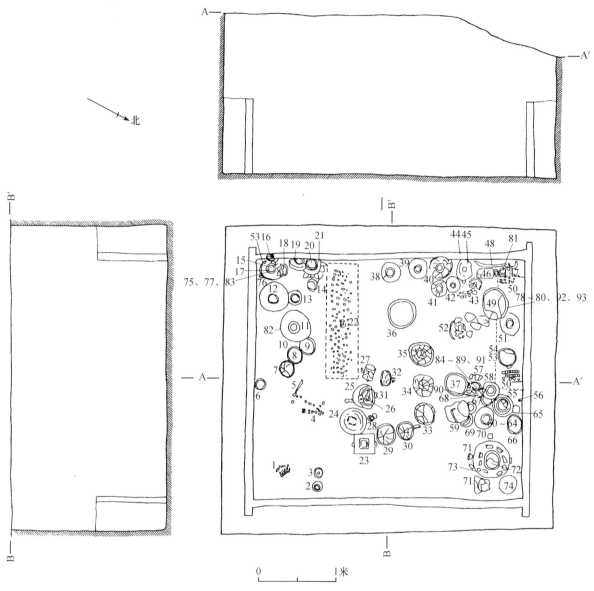

图五四　金狮湾墓群M12平、剖面图

1、4、10、22、32、50. 铜钱　2、43、46. 陶筒形罐　3、6～9、14、15、20、31、34、44、53、54、60～69、82、84～91、
94～96. 陶钵　5、81. 铁刀　11、12、17、39、40、58、70. 陶圜底罐　13、16、18、19、21、38、41、42、45、51、57、75、
77、83. 陶平底罐　23. 铜钫　24. 釉陶壶　25. 釉陶鼎　26. 釉陶勺　27. 釉陶三足杯　28. 釉陶灯　29、35. 釉陶盆　30. 釉陶匜
33、52. 釉陶簋　36、37. 铜器沿　47. 釉陶熏　48、49. 陶盆　55. 铜饰件　56. 铜钉　59. 铜鉴　71. 陶甑　72. 铁釜
73. 铁支架　74. 铜盆　76、78. 铁器　79. 炭器　80、92. 陶章　93. 石片

1. 陶器

75件。其中泥质灰陶胎63件，器型为罐、钵、盆、甑、章等；泥质褐陶器1件，器型为
钵；泥质红陶胎11件，器型为壶、鼎、勺、三足杯、灯、盆、簋、熏等。

圜底罐　7件（M12：11、12、17、39、40、58、70）。M12：11、12、17，共3件，形
制相同，尖唇或圆唇，平沿，微敛口，束颈，折肩，鼓腹，圜底，肩、腹、底饰弦纹、细绳
纹。M12：11，口径11.8、腹37.6、高22.2厘米（图五五，1）；M12：12，器内发现风化后的

稻粒，呈细长形，口径12、腹37.8、高22厘米（图五五，2；图版四九，1、2）；M12：17，口径11.6、腹29.6、高21.8厘米（图五五，3）。M12：39、40、58、70，共4件，形制相同，尖唇、平沿、微侈口、束颈、折肩、鼓腹、圜底，肩饰弦纹，腹、底饰细绳纹。M12：39，口径10.8、腹22.4、高15厘米（图五五，4；图版四九，3）；M12：40，口径11.4、腹22.8、高14.4厘米（图五五，5）；M12：58，口径10.4、腹20.8、高13.1厘米（图五五，6）；M12：70，口径10.8、腹21.6、高15.4厘米（图五五，7）。

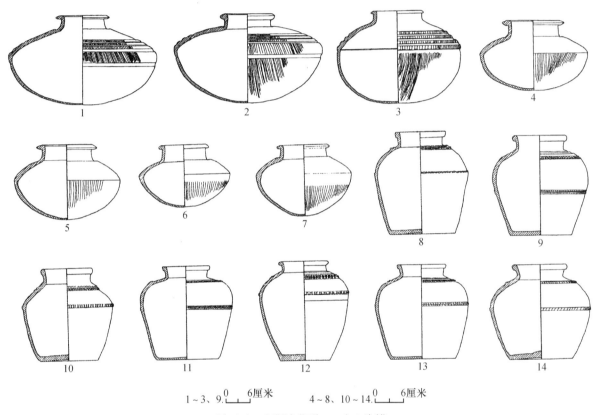

图五五　金狮湾墓群M12出土陶罐

1～7.圜底罐（M12：11、12、17、39、40、58、70）　8～14.平底罐（M12：16、18、19、21、38、75、83）

平底罐　14件（M12：13、16、18、19、21、38、41、42、45、51、57、75、77、83）。M12：16、18、19、21、38、75、83，共7件，形制相同，圆唇、直颈、圆肩、斜腹、平底，肩、腹饰联珠状凸弦纹。M12：16，口径11.4、底15、高21.8厘米（图五五，8）；M12：18，口径14、底17.4、高26.1厘米（图五五，9）；M12：19，口径11.1、底13.4、高19.7厘米（图五五，10）；M12：21，口径13.8、底19、高27.5厘米（图五五，11）；M12：38，口径10.4、底11.7、高21厘米（图五五，12；图版四九，4）；M12：75，口径13.8、底19.3、高27.7厘米（图五五，13）；M12：83，口径11.8、底14.2、高20.7厘米（图五五，14）。M12：13、41、42、45、51、57，共6件，形制相同，圆唇、直颈、弧肩、鼓腹、平底，肩饰弦纹。M12：13，口径9.8、底9.5、高11.4厘米（图五六，1）；M12：41，口径9.6、底8.4、高10.4厘米（图五六，2）；M12：42，素面，口径9.8、底10.8、高11.2厘米（图五六，3）；M12：45，口沿残缺，底11.6、残高11.6厘米（图五六，4）；M12：51，口径11.2、底15.5、高15.7厘米（图

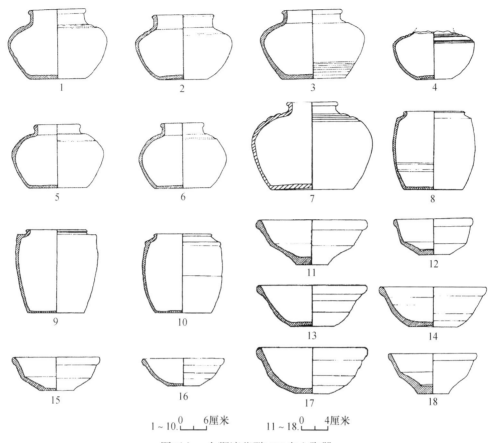

图五六 金狮湾墓群M12出土陶器

1~7. 平底罐（M12：13、41、42、45、51、57、77） 8~10. 筒形罐（M12：2、43、46） 11~18. 钵（M12：3、6、7、9、14、15、31、34）

五六，5）；M12：57，口径10.8、底14.5、高15.9厘米（图五六，6）；M12：77，圆唇，侈口、束颈，圆肩，鼓腹，平底，肩饰凹弦纹，口径11.6、底20、高20.7厘米（图五六，7）。

筒形罐 3件（M12：2、43、46）。形制相同，呈筒形，圆唇，微敛口，折肩，近直腹，平底。M12：2，口径13.8、底13.6、高17.4厘米（图五六，8；图版四九，5）；M12：43，口径14、底13.3、高18.5厘米（图五六，9）；M12：46，腹饰凹弦纹，口径13、底13.2、高17.8厘米（图五六，10）。

钵 35件（M12：3、6~9、14、15、20、31、34、44、53、54、60~69、82、84~90、91、94~96）。其中，M12：3、6、7、9、14、15、31、34、44、53、54、60~63、65~69、82、85、86、89、91、94、95，共27件，形制相同，圆唇，侈口，折腹，下腹斜收，平底。M12：3，泥质褐陶胎，黑色陶衣，口径15.8、底5.4、高5.8厘米（图五六，11）；M12：6，口径12.6、底径5.2、高5.2厘米（图五六，12）；M12：7，口径16.2、底径6.6、高5.8厘米（图五六，13）；M12：9，口径16.2、底径7.2、高5.8厘米（图五六，14；图版四九，6）；M12：14，口径13.4、底径5.2、高4.8厘米（图五六，15）；M12：15，口径12.5、底径5、高4厘米（图五六，16）；M12：31，口径16.3、底径5.5、高6.6厘米（图五六，17）；M12：34，口径13.6、底径4.8、高5.8厘米（图五六，18）；M12：44，黑色陶衣，口径16.3、底径

5.2、高6厘米（图五七，1）；M12：53，口径16、底径5.4、高6厘米（图五七，2）；M12：54，口径16.2、底径5.4、高6.2厘米（图五七，3）；M12：60，腹部饰弦纹，口径13.6、底径4.2、高5.4厘米（图五七，4）；M12：61，腹部饰凹弦纹，口径13.2、底径4.8、高5厘米（图五七，5）；M12：62，口径16.4、底径4.8、高6厘米（图五七，6）；M12：63，口径16.4、底径4.8、高6.4厘米（图五七，7）；M12：65，腹部饰凹弦纹，口径12.8、底径5.3、高4.3厘米（图五七，8）；M12：66，内壁饰凹凸弦纹，口径16.4、底径5.2、高6厘米（图五七，9）；M12：67，口径16.2、底径7.2、高5.8厘米（图五七，10）；M12：68，口径9.8、底径3.2、高3.7厘米（图五七，11）；M12：69，口径13、底径5.6、高4.3厘米（图五七，12）；M12：82，口径13.2、底径4.6、高5厘米（图五七，13）；M12：85，黑色陶衣，口径13.6、底径5.4、高5.5厘米（图五七，15）；M12：86，腹饰凹弦纹，口径13.2、底径4、高4.8厘米（图五七，14）；M12：89，腹饰凹弦纹，口径13.2、底径5.4、高4.8厘米（图五七，16）；M12：91，口径13.4、底径4.4、高5厘米（图五七，17）；M12：94，黑色陶衣，口径13.9、底径5、高5厘米（图五七，18）；M12：95，黑色陶衣，口径13.2、底径4.8、高4.8厘米（图五七，19）。M12：8、20、64、84、87、88、90、96，共8件，圆唇，侈口，折腹，下腹部

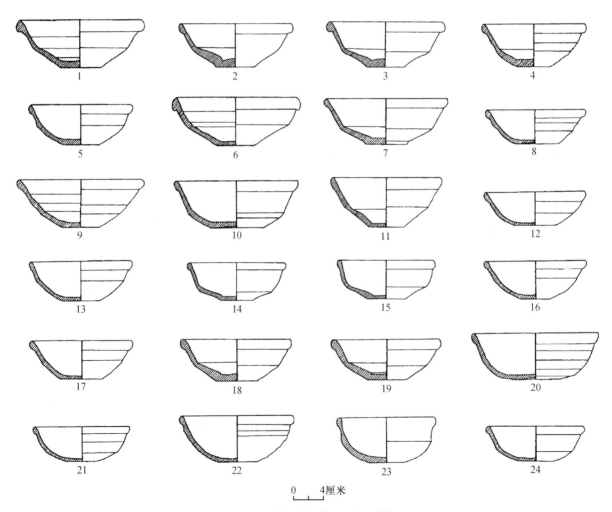

0　　　4厘米

图五七　金狮湾墓群M12出土陶钵

1~24. M12：44、53、54、60~63、65~69、82、86、85、89、91、94、95、8、20、64、84、87

呈圆弧形，平底。M12：8，口径16.8、底径6.3、高5.8厘米（图五七，20）；M12：20，口径13.1、底径4、高4.4厘米（图五七，21）；M12：64，腹部有凹弦纹，口径17、底径6、高6.2厘米（图五七，22）；M12：84，黑色陶衣，口径11.6、底径4、高5.2厘米（图五七，23）；M12：87，腹饰凹弦纹，口径12.6、底径4.5、高4.4厘米（图五七，24）；M12：88，腹饰凹弦纹，口径13、底径4.6、高4.6厘米（图五八，1）；M12：90，口径12、底径4.6、高4.8厘米（图五八，2）；M12：96，黑色陶衣，口径12.5、底4.4、高4.5厘米（图五八，3）。

盆　2件（M12：48、49）。M12：48，卷沿，敞口，鼓腹，平底，腹饰细弦纹，口径29.5、底径15.8、高19厘米（图五八，4）；M12：49，圆唇，窄沿，敞口，鼓腹，平底，圈足，腹饰凸弦纹，口径24.7、底径12.6、高9.8厘米（图五八，5，图版五〇，1）。

甑　1件（M12：71）。尖唇，敛口，弧腹，凹底，底部有五圈直径约0.4厘米的小孔，腹饰弦纹，口径33、底径15.3、高19.6厘米（图五八，6；图版五〇，2）。

章　2件（M12：80、92），形制近同，器形扁平，上圆，下方，素面无文。M12：80，上表面有少许朱砂痕迹，边长3.4、高1.1厘米（图五八，7；图版五〇，3左）；M12：92，边长2.8、高1.2厘米（图五八，8；图版五〇，3右）。

壶　1件（M12：24）。由盖与壶两部分组成，盖面呈圆弧形，折沿，子母口，内壁有螺旋纹；壶为方唇，盘口，弧颈，圆肩，鼓腹，平底，圈足，两侧各贴塑一个兽面铺首。泥质红陶胎，器表施黄褐色釉，小开片。盖面饰凹弦纹，壶的肩、腹、足饰凸弦纹，口径14、底径15、高34.5厘米（图五八，9；图版五〇，6、7）。

鼎　1件（M12：25）。方折耳，尖唇，子母口微敛，鼓腹，圜底，蹄状足。泥质红陶胎，器表施黄褐色釉，小开片，耳饰短直线纹，口径18、通高20.7厘米（图五八，10；图版五〇，5）。

勺　1件（M12：26）。球形勺体，柄呈弧形，泥质红陶胎，器表施黄褐色釉，小开片，长20.4厘米（图五八，11；图版五〇，4）。

三足杯　1件（M12：27）。方唇，直腹，平底，三兽足，折鋬，泥质红陶胎，器表施黄褐色釉，小开片，杯内壁及外底不施釉，腹饰凸弦纹，鋬上饰兽面，口径9.3、底径9、高10.6厘米（图五八，12；图版五一，1、2）。

灯　1件（M12：28）。圆唇，直口，平底，豆形柄，圆弧形灯座。泥质红陶胎，器表施黄褐色釉，小开片，口径10.4、底径11.2、高15.8厘米（图五八，13；图版五一，3）。

盆　2件（M12：29、35），泥质红陶胎，器表施黄褐色釉，小开片。M12：29，方唇，微敛口，圆腹，平底，两侧各饰一兽面铺首，腹饰凹弦纹，口径21.6、底12、高9.6厘米（图五八，14；图版五一，4）；M12：35，尖唇，宽沿，侈口，折腹，平底，内底微凹，口径22.4、底径10.2、高5.6厘米（图五八，15）。

匜　1件（M12：30）。圆唇，直口，鼓腹，平底，沿外附龙首柄。泥质红陶胎，器表施黄褐色釉，小开片，腹饰一道凹弦纹，口径18、底径9.2、高8.6厘米（图五八，16；图版五一，5、6）。

簋　2件（M12：33、52）。泥质红陶胎，器表施黄褐色釉，小开片。M12：33，方唇，微

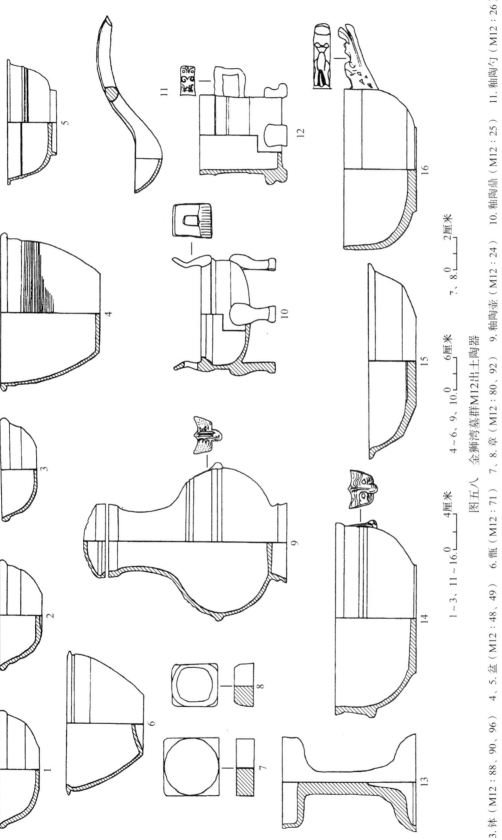

图五八　金狮湾墓群M12出土陶器

1~3. 钵（M12：88、90、96）　4、5. 盆（M12：48、49）　6. 甑（M12：71）　7、8. 章（M12：80、92）　9. 釉陶壶（M12：24）　10. 釉陶鼎（M12：25）　11. 釉陶勺（M12：26）
12. 釉陶三足杯（M12：27）　13. 釉陶灯（M12：28）　14、15. 釉陶盆（M12：29、35）　16. 釉陶匜（M12：30）

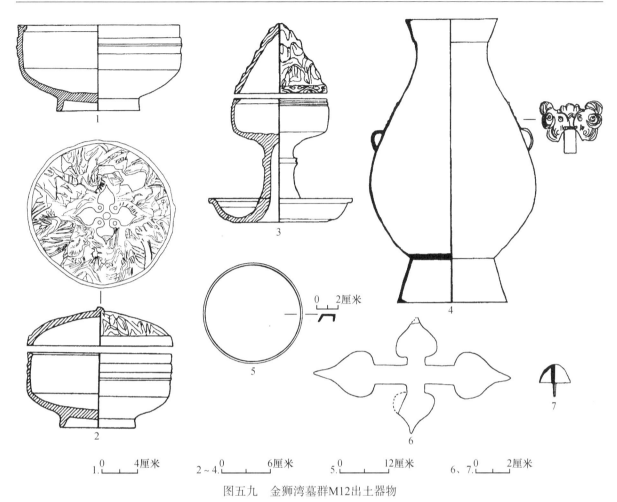

图五九　金狮湾墓群M12出土器物

1、2. 釉陶簋（M12：33、52）　3. 釉陶熏（M12：47）　4. 铜钫（M12：23）　5. 铜器沿（M12：36）　6. 铜饰件（M12：55）
7. 铜灯（M12：56）

敛口，折腹，圈足，外底微凸，腹饰凸弦纹，口径18.7、底径9.7、高9.6厘米（图五九，1）；
M12：52，由盖与簋两部分构成，面呈圆弧状，盖面以柿蒂纹为中心，围以山、树、鸟及人
物等纹饰，边缘饰宽带纹；簋呈方唇，微敛口，折腹，圈足，口沿外饰弦纹，口径18.4、底径
9.8、高9.2厘米（图五九，2；图版五二，1）。

熏　1件（M12：47）。由盖、座两部分构成，盖呈圆锥状，熏为凹口微敛，弧腹，竹
节状豆柄，盘形底，柄中空，盖表饰三层"山"形纹，口沿饰一圈菱格纹，腹口部饰弦纹。
泥质红陶胎，器表施黄褐色釉，小开片，口径12、底径12、通高24.5厘米（图五九，3；图版
五二，2）。

2. 铜器

13件（组），器型为钫、器沿、鍪、钉、盆、饰件、钉及铜钱等。

钫　1件（M12：23）。尖唇，侈口，束颈，弧肩，弧腹，方足，两侧各贴塑一个兽面铺
首。口边长11.8、底边长14.2、高36厘米（图五九，4；图版五二，3、4）。

器沿　2件（M12：36、37），形制相同，环状，截面呈"〔"形，内残存有木屑，为木

胎漆器的口沿，漆器弧腹，器内髹红漆。M12：36，漆器痕迹残高4厘米，直径27、宽1.5、厚0.65厘米（图五九，5）；M12：37，漆器痕迹残高4.5厘米，直径27、宽1.5、厚0.65厘米。

饰件　1件（M12：55）。柿蒂形饰，片状，正面镀金，长12.2、残宽6.6、厚0.08厘米（图五九，6；图版五二，5）。

钉　1件（M12：56）。圆弧形钉帽，尖首，帽外镀金，钉内有合范痕迹，直径1.8、通高1.8厘米（图五九，7）。

鍪　1件（M12：59）。方唇，侈口，折颈，折肩，腹、底残，肩两侧各附一环状錾，肩、腹饰弦纹，錾饰穗纹。器残。

盆　1件（M12：74）。平沿，敞口，折腹，凹底，在腹部有一处0.8厘米×1厘米的小洞，以铜片修补，口径31.3、底11.8、高7.6厘米（图六〇，1；图版五二，6）。

铜钱　6组（M12：1、4、10、22、32、50）。"五铢""大泉五十""货泉"三种，钱文篆书，少量"大泉五十"的"五"字在左侧；素背，有内外郭。钱径2.2～2.8、孔径0.8～1、厚0.1～0.2厘米。M12：1，141枚（图六一，1～3）；M12：4，31枚（图六一，4）；M12：10，99枚（图六一，5～7）；M12：22，115枚（图六一，8）；M12：32，29枚（图六一，9）；M12：58，207枚（图六一，10～13）。

3. 铁器

6件，器型为刀、釜、支架等。

刀　2件（M12：5、81），形制相同，环首，直柄，直背，弧刃。M12：5，长20.7厘米（图六〇，2）；M12：81，长23、宽1.4、厚0.4厘米（图六〇，3）。

釜　1件（M12：72）。方唇，微敛口，圆肩，鼓腹，底残，肩、腹部有焊接痕迹，口径25.8、底10.8、高24厘米（图六〇，4）。

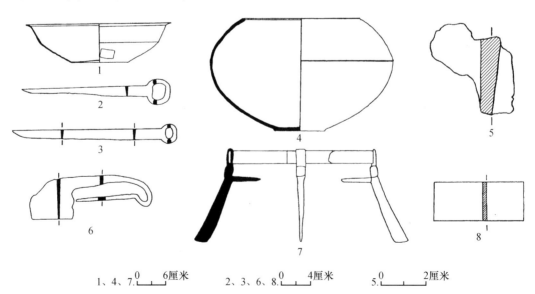

1、4、7　0 ____ 6厘米　　2、3、6、8　0 ____ 4厘米　　5　0 ____ 2厘米

图六〇　金狮湾墓群M12出土器物

1. 铜盆（M12：74）　2、3. 铁刀（M12：5、81）　4. 铁釜（M12：72）　5. 炭器（M12：79）　6. 铁器（M12：76）
7. 铁支架（M12：73）　8. 石片（M12：93）

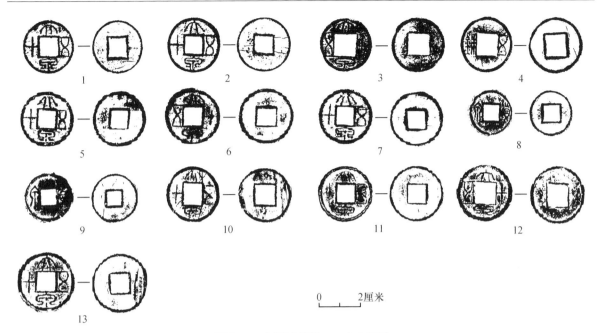

图六一　金狮湾墓群M12出土铜钱

1~3. M12：1　4. M12：4　5~7. M12：10　8. M12：22　9. M12：32　10~13. M12：58

支架　1件（M12：73）。环状，附三鳍状足，足上部附横向铁条，以支撑铁釜，直径31.6、高20厘米（图六〇，7）。

铁器　1件（M12：76）。前部残，直刃，弧背，"U"形把手，有弹性，残长17、宽5.4厘米（图六〇，6）。

铁器　1件（M12：78）。尖首，前端截面呈"V"形，直柄，长16.8、厚5厘米。

4. 其他

2件，器型为炭器、石片。

炭器　件（M12：79）。平面呈"┏"形，器型不明，长3.75、厚1.2厘米（图六〇，5）。

石片　1件（M12：93）。平面呈长方形，截面呈梯形，长12、宽5.1、厚0.6厘米（图六〇，8）。

（一〇）M13

位于金狮湾墓群Ⅱ区T1010中，方向18度，长3.9、宽2.4~2.5、深0.2~0.8米。榫卯结构的两棺一椁，椁室平面呈"Ⅱ"字形，长2.96、宽1.96、残高0.1~0.5米。出土陶器、铁器、铜钱等主要位于椁室西侧，器型有罐、壶、瓿、钵、灯、甑、盆、铁鍪及铜钱等，共计24件（组）（图六二；图版二七）。

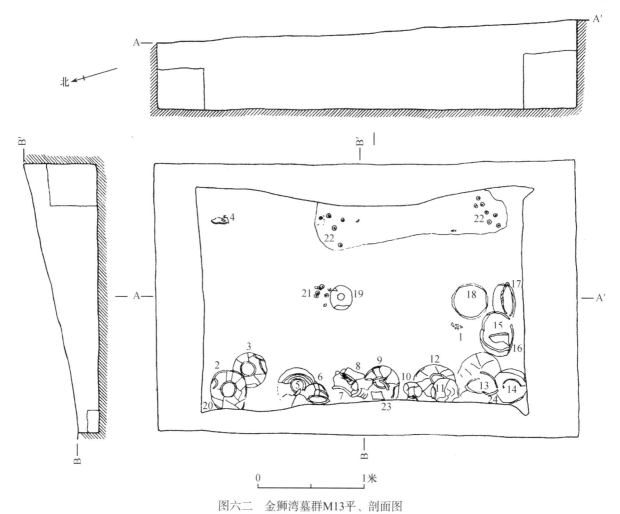

图六二　金狮湾墓群M13平、剖面图

1. 陶灯　2、3、5、8～13、23、24. 陶平底罐　4、6、7、14. 陶圜底罐　15. 陶甑　16. 铁鍪　17. 陶筒形罐　18. 陶盆　19. 陶钵　20. 陶壶　21、22. 铜钱

1. 陶器

21件。其中，泥质灰陶胎18件，夹砂硬陶胎1件，泥质褐陶胎2件。

平底罐　11件（M13：2、3、5、8～13、23、24）。其中M13：2、3、5、8～10、12、23、24，共9件，形制相同，圆唇，侈口，束颈，弧肩，鼓腹，凹底或平底，肩饰弦纹、网格纹。M13：2，口径12.3、底径17、高18.8厘米（图六三，1）；M13：3，口径11.2、底径16.8、高18.8厘米（图六三，2）；M13：5，口径14.5、底径23、高24厘米（图六三，3）；M13：8，口径13.4、底径24.2、高24厘米（图六三，4）；M13：9，口径11.9、底径19.2、高17厘米（图六三，5）；M13：10，口径12、底径17、高16.8厘米（图六三，6）；M13：12，口径12.2、底径16.4、高20厘米（图六三，7）；M13：23，口径13.6、底径25、高23厘米（图六三，8）；M13：24，口径14、底径23.2、高27.8厘米（图六三，9；图版五三，1）；M13：11，方唇，弧领，束颈，弧肩，斜腹，平底，夹砂硬陶胎，肩腹饰小方格印纹，口径12.5、底10.6、高21.6厘米（图六三，10）；M13：13，圆唇，敛口，斜颈，弧肩，鼓腹，平底微凹，泥质褐陶胎，黑色陶衣，腹饰方格纹，口径25.2、底13.2、高36厘米（图六三，11）。

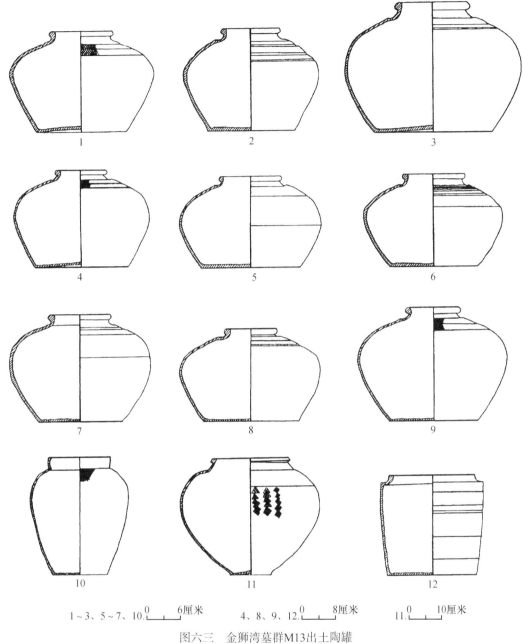

1~3、5~7、10. 0 6厘米　　4、8、9、12. 0 8厘米　　11. 0 10厘米

图六三　金狮湾墓群M13出土陶罐

1~11.平底罐（M13：2、3、5、8~10、12、23、24、11、13）　12.筒形罐（M13：17）

圜底罐　4件（M13：4、6、7、14）。M13：4，方唇，侈口，近直颈，折肩，圜底，器残；M13：6，平沿，侈口，直颈，折肩，鼓腹，圜底，腹、底饰细绳纹，口径15.5、高16.7厘米（图六四，1；图版五三，2）；M13：7，圆唇，宽沿，斜肩，圆腹，圜底，肩饰弦纹，腹、底饰细绳纹，口径17、高13.4厘米（图六四，2）；M13：14，方唇，侈口，束颈，圆肩，鼓腹，圜底，腹底饰粗绳纹，口径19、高33厘米（图六四，3）。

筒形罐　1件（M13：17）。圆唇，侈口，折肩，近直腹，平底，腹饰凹弦纹，口径22.4、底23.5、高25厘米（图六三，12；图版五三，3）。

灯　1件（M13：1）。口残，豆形柄，喇叭状足，泥质褐陶胎，黑色陶衣，柄直径4厘米。

甑　1件（M13：15）。尖唇，侈口，鼓腹，凹底，底部有三圈27个直径1厘米的孔，腹饰弦纹，口径35、底15、高21.5厘米（图六四，4；图版五三，4）。

盆　1件（M13：18）。尖唇，宽沿，侈口，鼓腹，平底，腹饰凹弦纹，口径30.2、底16.8、高13.5厘米（图六四，5；图版五三，5）。

钵　1件（M13：19）。圆唇，侈口，折腹，平底，口径19.6、底6、高5.8厘米（图六四，6）。

壶　1件（M13：20）。方唇，盘口，束颈，弧肩，鼓腹，平底，圈足，肩饰凹弦纹，口径12.8、腹24.2、底13.5、高22.4厘米（图六四，7；图版五三，6）。

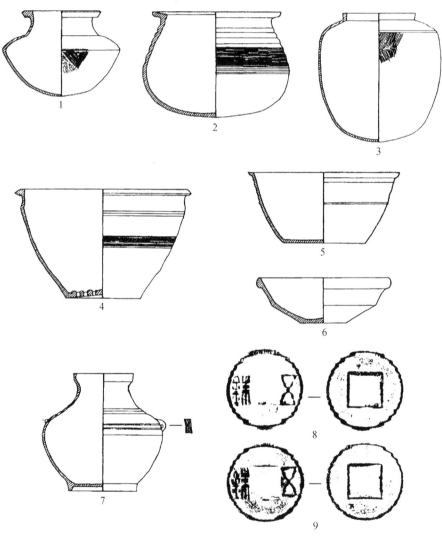

1、4、5、7 ⊢0———6厘米⊣　2、6 ⊢0——4厘米⊣　3 ⊢0——8厘米⊣　8、9 ⊢0—1厘米⊣

图六四　金狮湾墓群M13出土器物

1~3.陶圈底罐（M13：6、7、14）　4.陶甑（M13：15）　5.陶盆（M13：18）　6.陶钵（M13：19）　7.陶壶（M13：20）
8、9.铜钱（M13：21、22）

2. 其他

3件（组）。

铁鍪　1件（M13∶16）。尖唇，直颈，弧肩，鼓腹，底残，肩腹部两侧各附一环状系，口径25厘米。

铜钱　2组（M13∶21、22）。均为"五铢"，钱文篆书，"朱"字折肩，有外郭；背面有内外郭，钱径2.5、孔径1、厚0.1厘米。M13∶21，25枚（图六四，8）；M13∶22，16枚（图六四，9）。

（一一）M14

位于金狮湾墓群Ⅱ区T1414中（图六五），方向175度，长3.8、宽3.3、深1.8米。榫卯结构的两棺一椁，椁室平面呈"Ⅱ"字形，长3.62、宽3.1～3.14、残高0.95米。墓室西侧棺灰处发现一枚成人臼齿，齿根不存，齿面无磨损，头向西北。出土器物位于椁室南、北、东三侧，以泥质灰陶器为主，器型有罐、壶、盆、钵、纺轮、甑等；铁器有刀、釜等；另有铜钱、镜、指

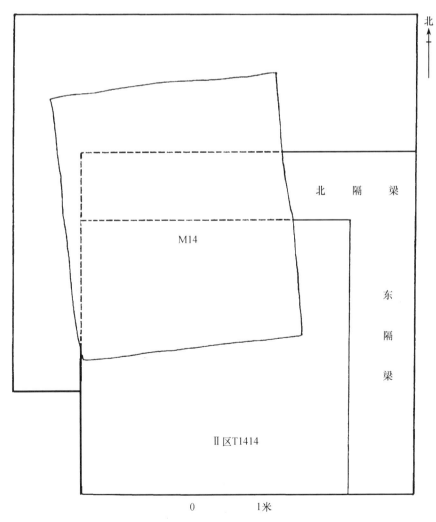

图六五　金狮湾墓群M14位置图

环、银镯、银指环及少量的琉璃饰件、料珠、骨珠、炭精羊及司南等，共计101件（组）（图六六～图六八；图版二八～图版三〇）。

图六六　金狮湾墓群M14上层器物分布图
1. 陶钵　2. 陶圜底罐　3. 陶平底罐

1. 陶器

51件。器型为罐、钵、盆、壶、甑、纺轮等，除纺轮（M14：93、M14：94）为泥质褐陶胎外，其余均为泥质灰陶胎。

圜底罐　11件（M14：2、43、44、47～49、59、60、64、89、90）。其中M14：2、43、47、48、59、60、64、89，共8件，形制相同，尖唇或圆唇，微敛口，束颈，折肩，鼓腹，圜底，肩、腹饰凹弦纹、绳纹及网格纹等。M14：2，口径11、高15.2厘米（图六九，1）；M14：43，口径13、高21.6厘米（图六九，2）；M14：47，肩部有彩绘，呈红色，口径12.6、高21.9厘米（图六九，3；图版五四，1）；M14：48，底部有朱砂痕迹及刻划纹，口径11.5、高18厘米（图六九，4）；M14：59，口径13.8、高23.4厘米（图六九，5）；M14：60，肩腹合范处有一圈捏制痕迹，口径18、高30厘米（图六九，6）；M14：64，口径12.8、腹35、高20.4厘米（图六九，7）；M14：89，口径13.5、高24厘米（图六九，8）。M14：44、90，共2件，形制相同，尖圆唇，平沿，束颈，折肩，鼓腹，圜底，肩部饰弦纹，底部饰细绳纹。M14：44，肩部刻划有"日"字，口径12.4、高14.8厘米（图七〇，1）；M14：90，口径12、高12.6厘米（图七〇，2）；M14：49，敛口，折肩，直腹，圜底，腹、底饰绳纹及凹弦纹，口

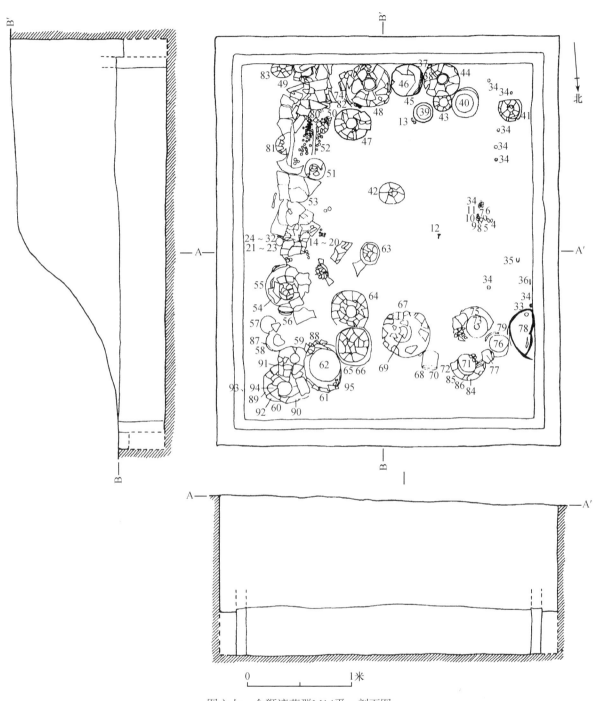

图六七 金狮湾墓群M14平、剖面图

4、6.炭精羊 5.炭精司南 7.铜环 8、9.银指环 10.炭珠 11.骨珠 12.琉璃耳珰 13.金属块 14~20.料珠 21~23.银镯 24~32.饰件 33.铜镜 34、52.铜钱 35、36、79、80.铁器 37.铜饰件 38、74、82.铁刀 39、40.铜鍪 41、42、54、57、63、69~73、81、83、85~88、92.陶钵 43、44、47~49、59、60、64、89、90.陶圜底罐 45、46、56、65、66、78.陶盆 50、51、53、55、67、77、84.陶平底罐 58.陶壶 61、75.陶甑 62.铁釜 68、76、91.陶筒形罐 93、94.陶纺轮 95.铁支架

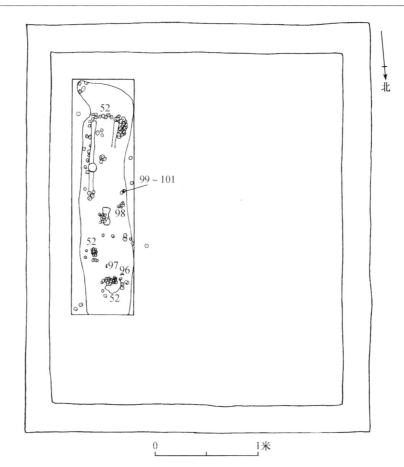

0　　　　　　　　　1米

图六八　金狮湾墓群M14器物分布图

52.铜钱　96、97.琉璃耳珰　98.蛋壳　99~101.银环

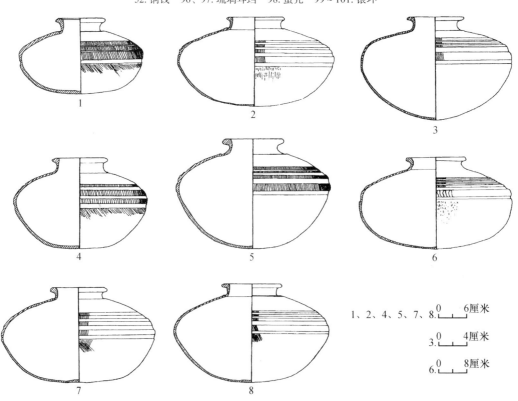

1、2、4、5、7、8. 0　　6厘米

3. 0　　4厘米

6. 0　　8厘米

图六九　金狮湾墓群M14出土陶圈底罐

1~8. M14：2、43、47、48、59、60、64、89

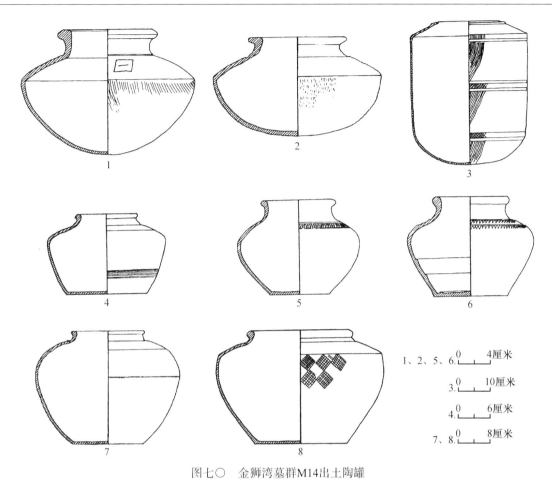

图七〇 金狮湾墓群M14出土陶罐

1～3.圜底罐（M14：44、90、49） 4～8.平底罐（M14：3、50、51、53、55）

径23.5、高44.8厘米（图七〇，3）。

平底罐 8件（M14：3、50、51、53、55、67、77、84），形制相同，圆唇，侈口，束颈、弧肩，鼓腹，平底，器表饰弦纹、戳印纹及网格纹。M14：3，口径11.8、底径15.6、高15.2厘米（图七〇，4）；M14：50，颈、肩部有朱砂痕迹，口径10.2、底径8、高12.2厘米（图七〇，5；图版五四，2）；M14：51，口径10.4、底径10、高13厘米（图七〇，6）；M14：53，肩、腹饰凹弦纹，下腹有削制痕迹，口径20、底径19.2、高29.8厘米（图七〇，7）；M14：55，口径27、底径24.2、高28.6厘米（图七〇，8）；M14：67，口径17.2、底径19.4、高22.2厘米（图七一，1）；M14：77，肩部饰一圈压印纹并残留有朱砂痕迹，口径8、底径8.4、高8.4厘米（图七一，2）；M14：84，口径12.6、底径14.2、高16.8厘米（图七一，3）。

筒形罐 3件（M14：68、76、91），形制相同，呈筒形，圆唇，敛口，折肩，近直腹，平底。M14：68，口径13.2、底径11.6、高18.8厘米（图七一，4）；M14：76，口径13.8、底径14.8、高18.2厘米（图七一，5）；M14：91，腹部饰弦纹，口径14、底径12、高18.4厘米（图七一，6；图版五四，3）。

钵 18件（M14：1、41、42、54、57、63、69～73、81、83、85～88、92），形制相同，圆唇，侈口，折腹，平底。M14：1，口径17、底径5.2、高7.8厘米（图七一，7）；M14：41，内饰凹弦纹，口径19.8、底径7、高7厘米（图七一，8）；M14：42，腹饰凹弦纹，

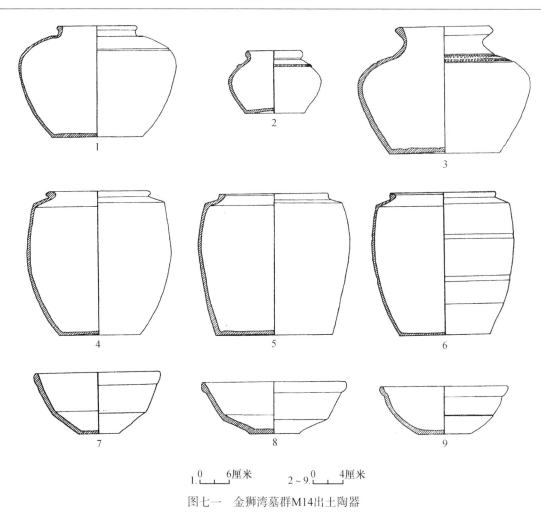

图七一　金狮湾墓群M14出土陶器

1~3.平底罐（M14∶67、77、84）　　4~6.筒形罐（M14∶68、76、91）　　7~9.钵（M14∶1、41、42）

口径16.6、底径6.8、高6.6厘米（图七一，9）；M14∶54，口径18.2、底径5、高6.6厘米（图七二，1）；M14∶57，口径18、底径5.6、高6.6厘米（图七二，2）；M14∶63，口径20.6、底径7.2、高7.2厘米（图七二，3）；M14∶69，内壁饰放射纹，口径18、底径5、高6.2厘米（图七二，4）；M14∶70，内壁饰弦纹，口径13.2、底径8.4、高4.9厘米（图七二，5）；M14∶71，内壁饰弦纹，口径17.4、底径5、高6.3厘米（图七二，6）；M14∶72，内壁饰弦纹，口径18、底径5.4、高6.6厘米（图七二，7）；M14∶73，内外壁施黑色陶衣，内壁有弦纹，口径20.5、底径7.5、高7.2厘米（图七二，8；图版五四，4）；M14∶81，器表有黑色陶衣，内壁饰弦纹，口径12.4、底径4.8、高4.7厘米（图七二，9）；M14∶83，内壁饰弦纹，口径13、底径4.4、高5厘米（图七二，10）；M14∶85，内壁饰弦纹，口径19、底径5.5、高6.6厘米（图七二，11）；M14∶86，内壁饰弦纹，口径18、底径5.6、高6.7厘米（图七二，12）；M14∶87，内壁饰弦纹，口径17.6、底径5.2、高6.2厘米（图七二，13）；M14∶88，内壁饰弦纹，口径17.4、底径6、高4.6厘米（图七二，14）；M14∶92，内壁饰弦纹，口径12.4、底径4.4、高4厘米（图七二，15）。

　　盆　6件（M14∶45、46、56、65、66、78），形制近同，圆唇，微敛口，弧腹，平底，M14∶45，腹部饰弦纹，口径26.6、底径16.6、高11厘米（图七三，1）；M14∶46，口径

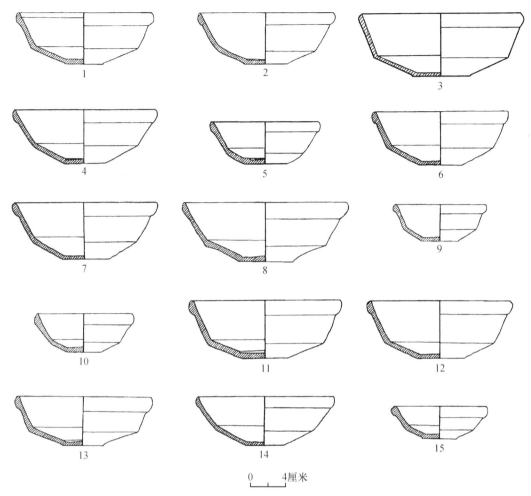

图七二　金狮湾墓群M14出土陶钵

1～15.M14：54、57、63、69～73、81、83、85～88、92

27.8、底径8.6、高9.4厘米（图七三，2）；M14：56，口径19.6、底径10、高7厘米（图七三，3）；M14：65，口径27.5、底径8.6、高10.6厘米（图七三，4）；M14：66，口径33.3、底径13.5、高13.6厘米（图七三，5；图版五四，5）；M14：78，口径39.5、底径18.2、高18.5厘米（图七三，6）。

壶　1件（M14：58）。方唇，盘口，束颈，折肩，鼓腹，平底微内凹，肩部饰放射状刻划纹，口径14、底径15、高23.5厘米（图七三，7；图版五四，6）。

甑　2件（M14：61、75）。M14：61，圆唇，微敛口，圆腹，平底，底部有10个圆孔，腹部饰弦纹、戳印纹及网格纹，口径38、高22、底径17.4厘米（图七三，8）。M14：75，尖唇，微敛口，弧腹，平底微内凹，底部有12个圆孔，口径34、底径11、高16.6厘米（图七三，9；图版五五，1）。

纺轮　2件（M14：93、94）。形制、大小均相同，呈近扁圆体，中间有圆形穿孔，贯以一根圆柱形铁棒，铁棒残存有纺织品痕迹，泥质褐陶胎，上径2.6、最大径3、厚1.6厘米（图七三，10；图版五五，3）。

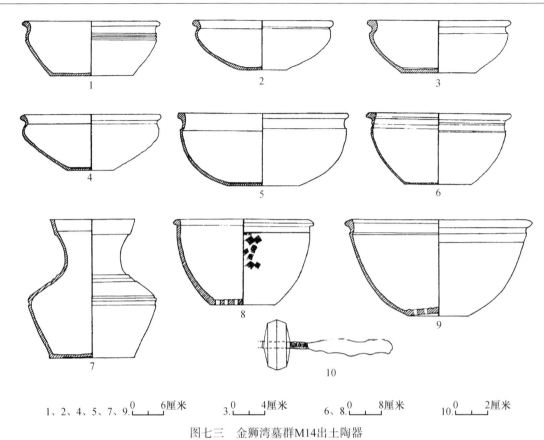

图七三　金狮湾墓群M14出土陶器

1~6.盆（M14：45、46、56、65、66、78）　7.壶（M14：58）　8、9.瓿（M14：61、75）　10.纺轮（M14：93、94）

2. 铜器

7件（组）。器型为鍪、镜、饰件、环及铜钱等。

环　1件（M14：7）。环状，截面近圆形，环内侧有一流铜现象，外径2.3、内径1.7、厚0.5厘米（图七四，1）。

镜　1件（M14：33）。仅余纽座部分，圆桥纽，纽侧饰凸弦纹，其外饰矩形纹，残长3.2、宽2.2、厚0.25~1.2厘米（图七四，2）。

饰件　1件（M14：37）。圆弧形底座，上塑一平面呈菱形的金属块，中部有一道合范痕迹，底径2厘米（图七四，3）。

鍪　2件（M14：39、40），形制相同，方唇，侈口，弧颈，折肩，鼓腹，圜底，肩部两侧各附一环状鋬，鋬处有流铜现象，腹饰两道凸弦纹。M14：39，口径18.4、残高14.8厘米（图七四，4；图版五五，7、8）；M14：40，口径27.4、残高20厘米（图七四，5）。

铜钱　2组（M14：34、52）。有"五铢"与"货泉"两种。"五铢"钱文篆书，"朱"字有折肩与圆肩两种，以圆肩居多，有外郭，素背，有内外郭。外径2.5、孔径0.9、厚0.15厘米；"货泉"钱文篆书，"泉"字直竖中断，有外郭，素背，有内外郭。外径2.2、孔径0.7、厚0.15厘米。M14：34，40枚（图七四，6、7）；M14：52，489枚（图七四，8~10）。

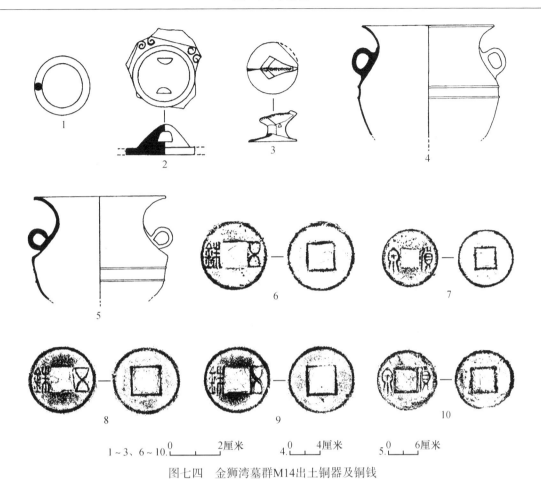

图七四 金狮湾墓群M14出土铜器及铜钱

1. 铜环（M14：7） 2. 铜镜（M14：33） 3. 铜饰件（M14：37） 4、5. 铜鍪（M14：39、40） 6、7. 铜钱（M14：34）
8~10. 铜钱（M14：52）

3. 银器

8件。器型为环、镯等。

环 5件（M14：8、9、99~101）。形制、大小相同，环状，截面呈圆形或扁圆形，外径
2.1~2.3、内径1.9~2、厚0.2厘米（图七五，1；图版五五，4）。

镯 3件（M14：21~23）。形制、大小相同，环状，截面呈圆角方形，外径6.6、内径
5.8、厚0.3厘米（图七五，2；图版五五，5）。

4. 铁器

9件。器型为釜、刀、支架等。

铁器 1件（M14：35）。呈"∩"形，截面圆形，直径0.4、残长2.8、宽1.6厘米（图
七五，3）。

铁器 1件（M14：36）。圆柱状，两端锈蚀，有线缠绕的痕迹，应为纺轮的竖轴，残长
4.6、宽0.5~1、厚0.35厘米（图七五，4）。

刀 3件（M14：38、74、82），形制近同，环首，长条状刀柄，直背，弧刃，锈蚀严

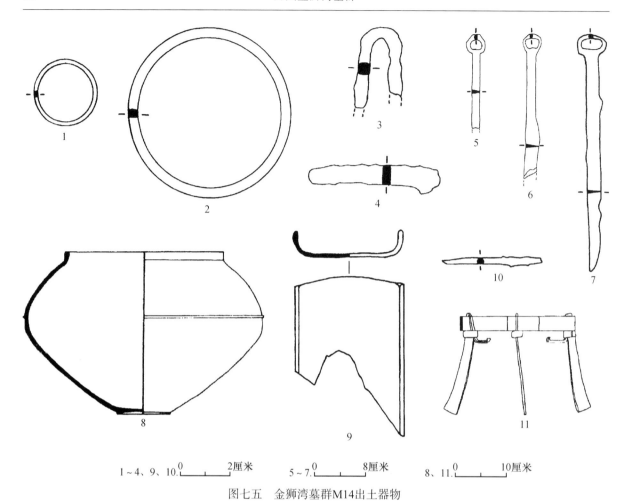

1~4、9、10. 0___2厘米   5~7. 0___8厘米   8、11. 0___10厘米

图七五　金狮湾墓群M14出土器物

1. 银环（M14：8、9、99~101）　2. 银镯（M14：21~23）　3、4、9、10. 铁器（M14：35、36、79、80）
5~7. 铁刀（M14：38、74、82）　8. 铁釜（M14：62）　11. 铁支架（M14：95）

重。M14：38，残长12.5、宽1.4、厚0.3~0.5厘米（图七五，5）；M14：74，残长19、宽1.6~2.5、厚0.2~0.4厘米（图七五，6）；M14：82，长36.2、宽2、厚0.1~0.5厘米（图七五，7）。

　　釜　1件（M14：62）。方唇，直口，弧肩，鼓腹，平底，肩、腹处有合范痕迹，口径37、底径10.5、高32厘米（图七五，8；图版五五，2）。

　　铁器　1件（M14：79）。薄片状，截面呈"∪"形，残长6、宽4、厚0.3厘米（图七五，9）。

　　铁器　1件（M14：80）。圆柱状，两端尖细，中部较粗，呈条状，直径0~0.2、残长3.4厘米（图七五，10）。

　　支架　1件（M14：95）。圆形铁环附三鳍状足，足上端各附一钩，起支撑釜的作用，环有焊接痕迹，直径22.4、高21、厚0.4厘米（图七五，11）。

5. 其他

26件。器型有金属块、炭精羊、司南、料珠、饰件及蛋壳等。

炭精羊　2件（M14：4、6）。M14：4，蹲卧姿势，四肢弯曲着地、蹄足、羊身较丰满，昂首，羊身中有一穿孔，长2.3、高1.65、厚0.4厘米（图七六，1）；M14：6，蹲卧姿势，平视，大角，羊身丰满，四肢伏地，蹄足，短尾，长2.65、宽1.5、高2.2厘米（图七六，2；图版五六，1右）。

炭精司南　1件（M14：5）。平面近长方形，中部略凹，有一穿孔贯穿上下，高1、宽

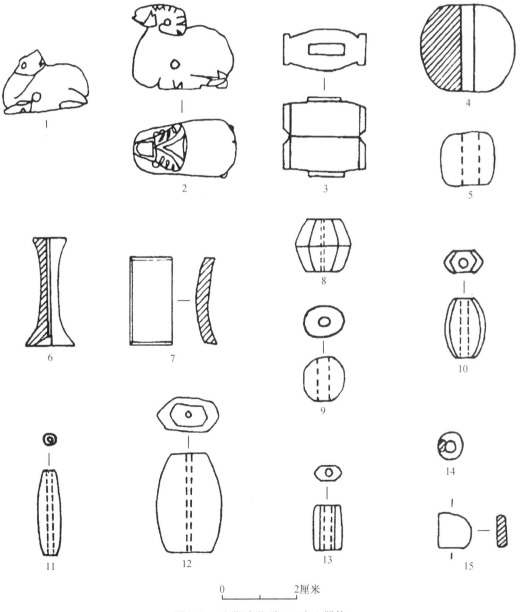

0　　　　　2厘米

图七六　金狮湾墓群M14出土器物

1、2.炭精羊（M14：4、6）　3.炭精司南（M14：5）　4、5.珠（M14：10、11）　6.耳珰（M14：12、96、97）　7.金属块（M14：13）　8.料珠（M14：14、16、18、24、26、28）　9.料珠（M14：15）　10.料珠（M14：17）　11.料珠（M14：19）　12.料珠（M14：25）　13.料珠（M14：27）　14.料珠（M14：29、30）　15.料珠（M14：31）

1.8、厚1厘米（图七六，3；图版五六，1左）。

珠　2件（M14：10、11），形制近同，圆球状，有一圆形穿孔，素面。M14：10，炭质，直径2~2.2、孔径0.3厘米（图七六，4）；M14：11，白色，直径1.3、高1.2、孔径0.3厘米（图七六，5）。

耳珰　3件（M14：12、96、97）。形制、大小相同，两边呈喇叭状，中部较细，有一圆形穿孔，蓝色琉璃质，透明有气泡，上径0.8、下径1.2、高2.5厘米（图七六，6；图版五五，6）。

金属块　1件（M14：13）。长方体，中部略弯曲，表面附着一层白色层状物，长1.9~2、宽1、厚0.3厘米（图七六，7）。

料珠　16件（M14：14~20、24~32）。M14：14、16、18为六棱体（图七六，8），M14：15为圆球状（图七六，9），M14：17为形状不规则的柱体（图七六，10），M14：19为圆柱体（图七六，11），M14：20为炭质圆形珠。外径0.6、孔径0.1~0.3、高0.9~2厘米（图版五六，2左）。M14：24~32，形状有长方体，六棱体，圆球状，多数透明，有浅绿、紫、黑、白等色彩。M14：24、26、28，共3件，形制相同。外径0.7~1.3、孔径0.1~0.3、高（厚）0.3~1.2厘米（图七六，8）；M14：25、27，宽0.8~1.7、外径0.1~0.2、高1.2~1.6（图七六，12、13）；M14：29、30，直径0.9、孔径0.3厘米（图七六，14）；M14：31、32，长0.9、宽0.9、高0.3厘米（图七六，15；图版五六，2右）。

蛋壳　1件（M14：98）。淡黄色，薄片状，破损严重，无法采集。

（一二）M15

位于金狮湾墓群Ⅱ区T0908中，墓葬处于乡间小道下，道侧落差近1米，早期农业耕作导致南部缺失。方向20度，残长2.5、宽2.5、深0.94米。葬具为木棺椁，出土器物位于椁室西南，主要有陶罐、盏、灯、铁鼎及铜钱等，共计18件（组）（图七七；图版三一）。

1. 陶器

13件，其中泥质灰陶胎8件，器型为罐、豆、灯、甑、鍪等；泥质褐陶胎5件，器型为平底罐（M15：12）、豆（M15：3、6、7）、鍪（M15：10）等。

平底罐　3件（M5：9、11、12）。M15：9，圆唇，侈口，直颈，腹、底不详，其余陶片多饰细绳纹，器残。M15：11，盖：圆弧形盖面；罐：方唇，近直颈，圆肩，鼓腹，平底，素面，黑色陶衣，口径12.4、底径20、高22厘米（图七八，1；图版五六，3）。M15：12，口、肩不详，弧腹，平底，泥质褐陶胎，素面，黑色陶衣，器残。

圜底罐　1件（M15：17）。方唇，侈口，束颈，弧肩，鼓腹，圜底，肩腹饰细绳纹。器残。

豆　6件（M15：2~7），形制相同，圆唇，微敛口，折腹，束柄，圈足，内底微凹。M15：2，口径11、底径3.6、高4.6厘米（图七八，2）；M15：3，泥质褐陶胎，口径10.8、底径4、高4.2厘米（图七八，3）；M15：4，黑色陶衣，器残；M15：5，黑色陶衣，器残；

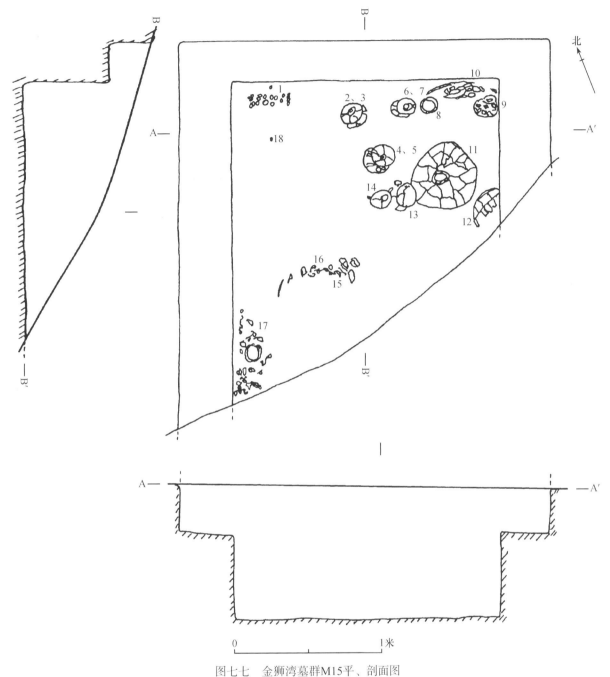

图七七 金狮湾墓群M15平、剖面图

1. 铜钱 2~7. 陶豆 8. 陶灯 9、11、12. 陶平底罐 10. 陶鍪 13. 铁鼎 14. 铜鍪 15. 铁釜 16. 陶甑 17. 陶圈底罐 18. 骨珠

M15:6，泥质褐陶胎，黑色陶衣，口径10.6、底径3.9、高4.2厘米（图七八，4）；M15:7，
泥质褐陶胎，黑色陶衣，口径11.2、底径4.2、高4.5厘米（图七八，5；图版五六，4）。

　　灯　1件（M15:8）。尖唇，侈口，鼓腹，束柄，喇叭状足，上底微凸，柄空。黑色陶
衣，素面，口径11.9、底径10、高8.6厘米（图七八，6；图版五六，5）。

　　鍪　1件（M15:10）。圆唇，侈口，其余部位不详，残存两只环状鋬，泥质褐陶胎，口
内饰弦纹，其余陶片上多有细绳纹，器残。

　　甑　1件（M15:16）。尖唇，微敛口，余残，器底有圆形孔。

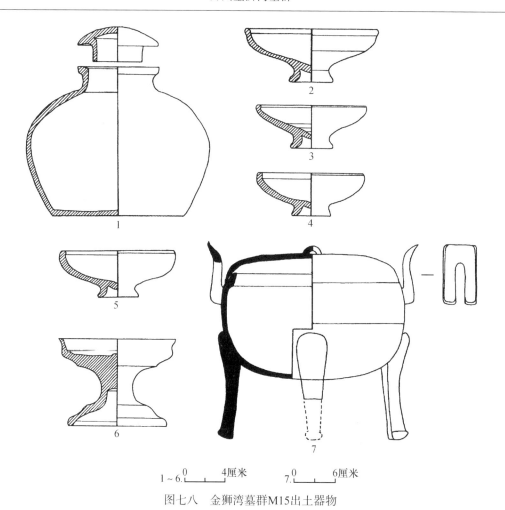

图七八　金狮湾墓群M15出土器物

1.陶平底罐（M15∶11）　2～5.陶豆（M15∶2、3、6、7）　6.陶灯（M15∶8）　7.铁鼎（M15∶13）

2. 其他

5件（组），器型有铁鼎、釜、骨珠、铜銎及铜钱等。

铁鼎　1件（M15∶13）。盖：桥纽，壶盖，尖唇；鼎：方唇，子母口微敛，弧肩，鼓腹，圆底，肩部两方形耳，三蹄状足，肩腹处有合范痕迹，口径14.8、高19.4厘米（图七八，7；图版五六，6）。

铜銎　1件（M15∶14）。圆唇，侈口，折颈，折肩，鼓腹，底残，两侧各附一环状銎。两銎大小不一，均呈环状。小銎，素面，直径2.8、厚0.6厘米；大銎饰凹弦纹，直径4.4、厚1.6厘米。

铁釜　1件（M15∶15）。方唇，直口，弧肩，腹残，平底，下附一环状三足支架，口径20、底径15厘米。

珠　1件（M15∶18）。白色扁球状，中间有一个穿孔，表面风化，直径1.1、孔径0.1、高0.6厘米。

铜钱　1组（M15∶1）。289枚，钱文"半两"篆书，无内外郭，直径1.5～3.3、孔径0.7～1.15、厚度0.02～0.12厘米（图七九～图八八）。

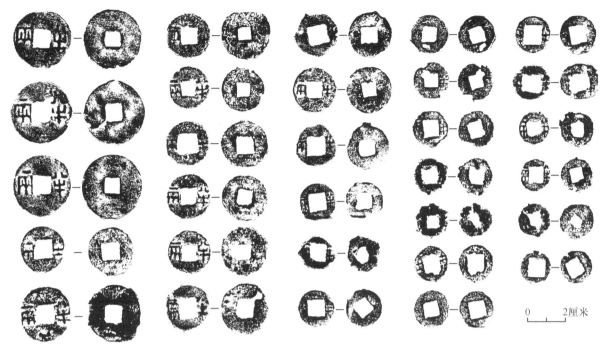

图七九　金狮湾墓群M15出土铜钱（M15：1）

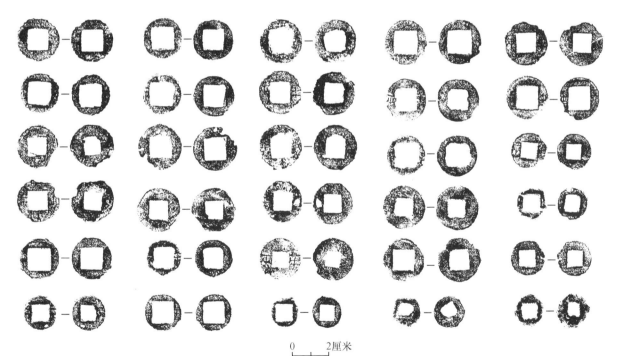

图八〇　金狮湾墓群M15出土铜钱（M15：1）

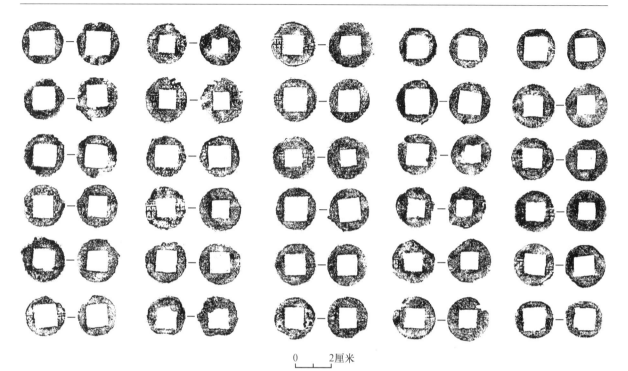

0 ⸺ 2厘米

图八一　金狮湾墓群M15出土铜钱（M15：1）

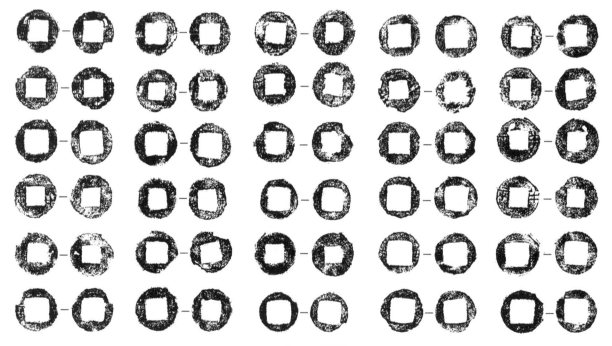

0 ⸺ 2厘米

图八二　金狮湾墓群M15出土铜钱（M15：1）

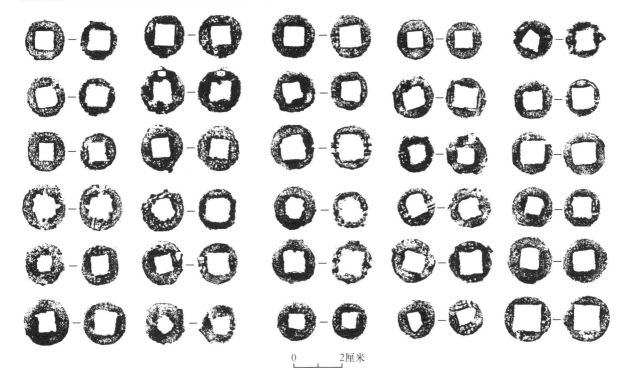

0   2厘米

图八三　金狮湾墓群M15出土铜钱（M15：1）

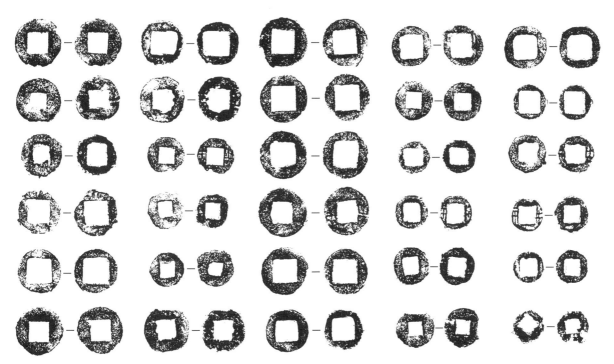

0   2厘米

图八四　金狮湾墓群M15出土铜钱（M15：1）

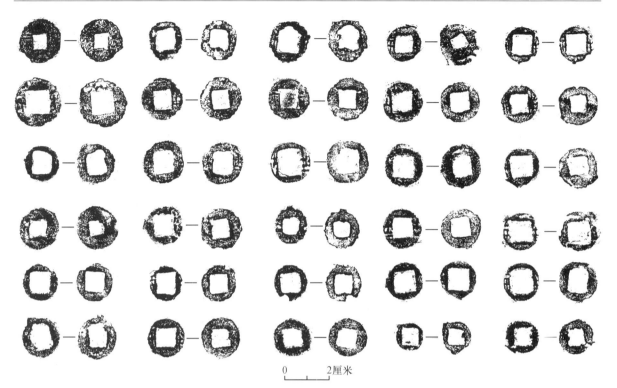

0 ———— 2厘米

图八五　金狮湾墓群M15出土铜钱（M15：1）

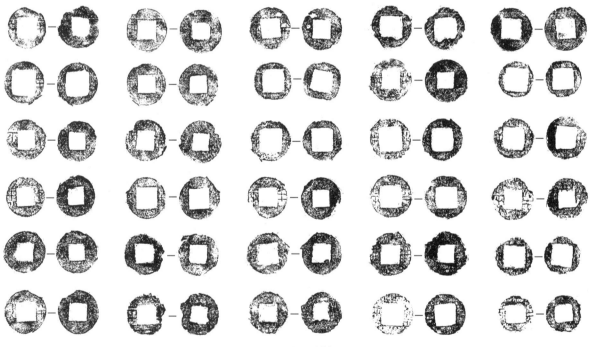

0 ———— 2厘米

图八六　金狮湾墓群M15出土铜钱（M15：1）

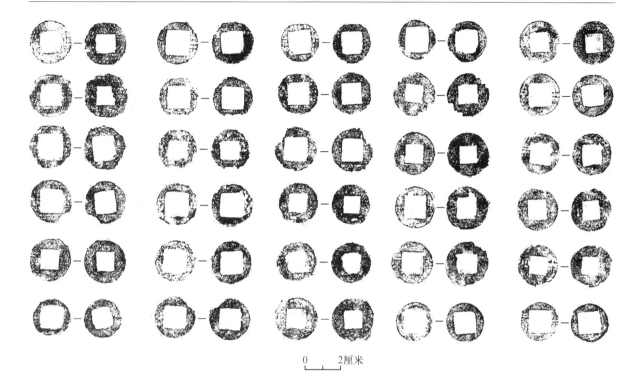

0　　2厘米

图八七　金狮湾墓群M15出土铜钱（M15：1）

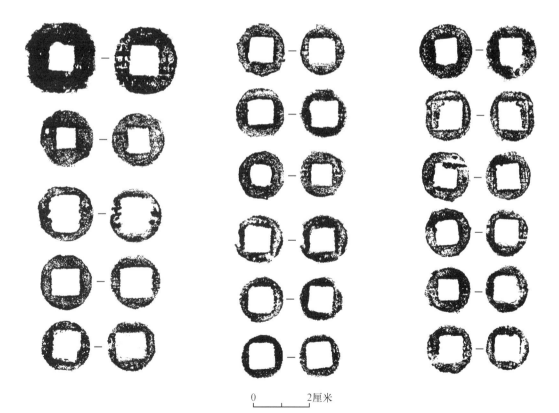

0　　2厘米

图八八　金狮湾墓群M15出土铜钱（M15：1）

三、刀形砖室墓（M5）

金狮湾墓群共清理刀形砖室墓1座，编号M5。

位于金狮湾墓群Ⅰ区T0403中（图八九），方向126度，长5.5、宽2.9、残高0.8～1.1米。墓葬下临断崖，墓道仅余近墓门处部分。砖室由甬道与墓室两部分构成，墓壁为长方形花纹砖错缝平砌，顶部残，无铺地砖。甬道偏于墓室左侧，长2、宽1.62、残高0.8米；墓室平面呈长方形，长2.9、宽2.56、残高1.1米（图九〇）。发掘前已被盗扰，盗洞位于墓室的右前侧，及底。墓砖呈长方形，青灰色，侧面模印三组菱形方格纹，长40、宽18、厚10厘米（图九七）。

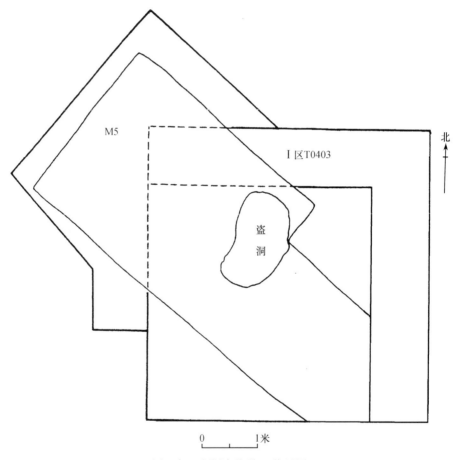

图八九　金狮湾墓群M5位置图

墓内共出土各类器物54件（组），大部分器物发现于甬道，主要有陶罐、钵、甑、壶、屋、俑、井、铜鍪、钫、盆、耳杯、环、铜钱、铁釜、刀等，墓室内出土陶钵、罐、俑、铜镜等（图版三二～图版三四）。

1. 陶器

40件。器型有罐、钵、杯、熏、灯、井、屋、池、俑等，其中泥质灰陶胎15件，泥质红陶胎25件。

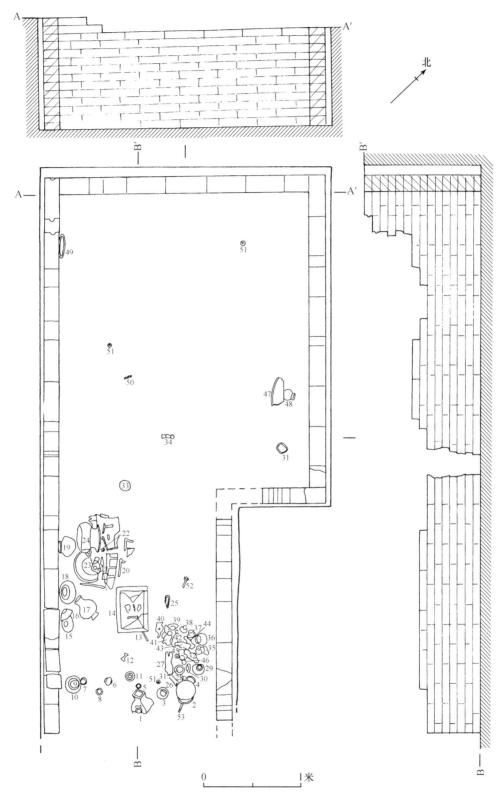

图九〇　金狮湾墓群M5平、剖面图

1.铜钫　2.铁釜　3、10、11、15、18、19、29、36、48.陶平底罐　4、9、16、25.陶钵　5、7.铜杯　6.铜耳杯　8、28.陶杯
12.陶灯　13、52.铁刀　14.陶池　17.陶壶　20.陶屋　21、22.陶井　23.铜盆　24.铜鍪　26.陶猪　27.陶狗
30.陶抚琴俑　31.陶熏　32、40.陶鸡　33.铜镜　34、37、38、42~44.陶立俑　35、41.陶坐俑　39.陶哺乳俑
45.陶击鼓俑　46.陶舞俑　47.陶盆　49.铜环　50.动物牙齿　51.铜钱　53.铁支架

平底罐　9件（M5：3、10、11、15、18、19、29、36、48）。M5：3、11、48，共3件，形制相同，圆唇，侈口，束颈，弧肩，鼓腹，平底。M5：3，肩饰两道凹弦纹，口径11、底径7.6、高11.5厘米（图九一，1）；M5：11，泥质红陶胎，黑色陶衣，口径9.4、底径7.4、高10厘米；M5：48，泥质红陶胎，罐内放置一勺，口径11.5、底径6.5、高10厘米（图九一，2；图版五七，1）。M5：10、15、18、29、36，共5件，形制相同，圆唇，直颈，弧肩，斜腹，平底。M5：10，口径14、底径15、高15.5厘米（图九一，3）；M5：15，黑色陶衣，肩饰网格纹，口径14、底径13.6、高14厘米（图九一，4）；M5：18，口径15、底径18、高17厘米（图九一，5）；M5：29，泥质红陶胎，黑色陶衣，口径9.4、底径7.4、高10厘米（图九一，6）；M5：36，肩饰弦纹，口径10、底径6、高11.4厘米（图九一，7）。M5：19，圆唇，敛口，斜颈，圆肩，斜腹，平底，肩饰弦纹，口径11.7、底径15.5、高17.4厘米（图九一，8）。

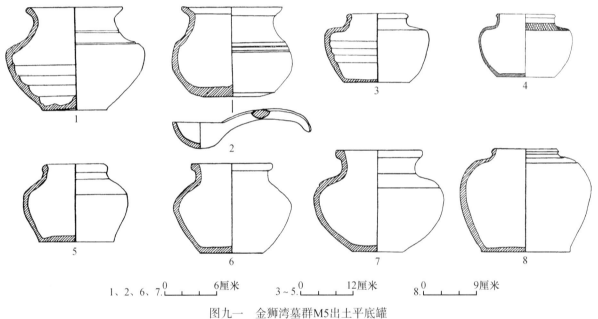

图九一　金狮湾墓群M5出土平底罐

1~8.M5：3、48、10、15、18、29、36、19（其中M5：48罐内置一小陶勺）

盆　3件（M5：4、9、47）。M5：4，平唇，敛口，折腹，平底，泥质红陶胎，淡黄色陶衣，口沿下饰一道凹弦纹，口径17.6、底径6.5、高5.8厘米（图九二，1）。M5：9，方唇，敞沿，侈口，鼓腹，平底，内底微凸，泥质红陶胎，黄褐色釉，口沿饰一道凹弦纹，口径18.2、底径8.2、高6.5厘米（图九二，2；图版五七，2）。M5：47，圆唇，卷沿，侈口，弧腹，底残，腹饰弦纹，口径32厘米（图九二，3）。

杯　2件（M5：8、28）。形制相同，平唇，直口，直腹，下腹弧收，平底，泥质红陶胎，腹饰弦纹。M5：8，口径9.4、底径7.6、高8.9厘米（图九二，4；图版五七，3）；M5：28，口径9.4、底径7.6、高8.9厘米（图九二，5）。

灯　1件（M5：12）。圆唇，盘口，豆形柄，弧座，灯盘中有一圆形凸起，口径12、底径8.4、高13.5厘米（图九二，6；图版五七，4）。

池　1件（M5：14）。平面呈长方形，平沿，方底，沿下有三角形支护，池内有蛙、鱼、

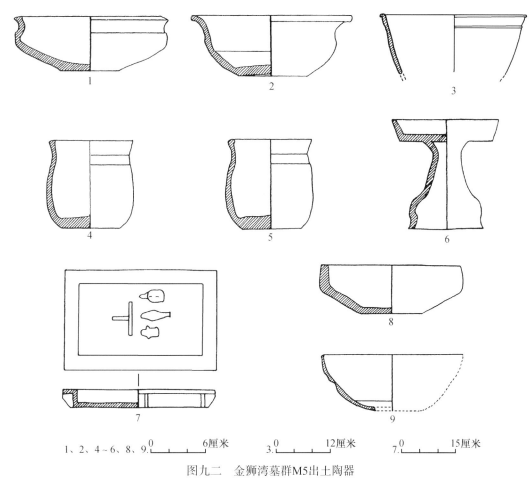

图九二　金狮湾墓群M5出土陶器

1~3.盆（M5：4、9、47）　4、5.杯（M5：8、28）　6.灯（M5：12）　7.池（M5：14）　8、9.钵（M5：16、25）

龟及长方形挡板，长42.3、宽27.5、高5厘米（图九二，7；图版五七，5）。

　　钵　2件（M5：16、25）。M5：16，平唇，直口微敛，折腹，下腹斜收，平底，内底微凸，泥质红陶胎，淡黄陶衣，素面，口径16、底径6.8、高5.2厘米（图九二，8；图版五七，6）；M5：25，圆唇，侈口，弧腹，底残，泥质灰陶胎，腹饰凹弦纹，口径16、高6厘米（图九二，9）。

　　壶　1件（M5：17）。口沿残缺，束颈，弧肩，鼓腹，平底，圈足，颈部有彩绘，肩部饰弦纹，两侧各有一衔环铺首，底径13、残高28厘米（图九三，1；图版五八，1）。

　　屋　1件（M5：20）。出土于盗洞内边缘处，器残。

　　井　2件（M5：21、22）。形制相同，平面近正方形，四角凸出，圆形井口，井口设两个支架孔，圆圈形底座，支架为长条状，榫卯结构。M5：21，井面饰鱼纹和方格纹，长22.5、宽21、厚2厘米（图九三，2；图版五八，2）；M5：22，泥质红陶胎，井面饰条纹和斜方格纹，长21、宽21、高2厘米（图九三，3）。

　　熏　1件（M5：31）。盖为平沿，尖顶，表面饰"山"形纹，设四个出烟孔；熏为圆唇，子母口，束柄，弧座。泥质红陶胎，口径11.2、底径9.5、通高16.5厘米（图九三，4；图版五八，3）。

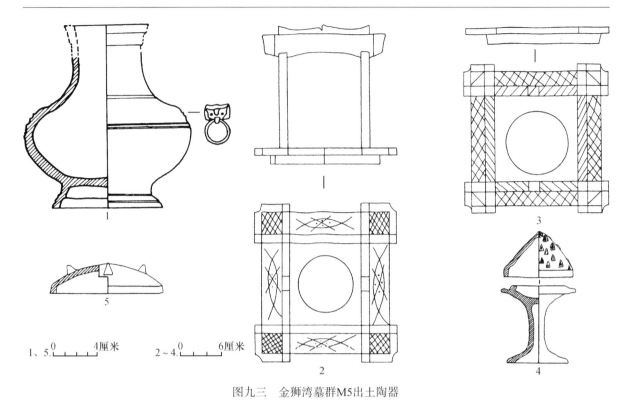

图九三　金狮湾墓群M5出土陶器

1.壶（M5：17）　　2、3.井（M5：21、22）　　4.熏（M5：31）　　5.器盖（M5：54）

盖　1件（M5：54）。圆唇，弧盖，盖面饰三个乳钉凸，泥质红陶胎，黑色陶衣，红色彩绘，直径13、高3.2厘米（图九三，5；图版五八，4）。M5的盗洞中出土。

猪俑　1件（M5：26）。俑身丰满，长嘴大耳，高脊，耸背，短尾，四足直立，泥质红陶胎，长21.6、高11.3厘米（图九四，1）。

狗俑　1件（M5：27）。昂首，挺胸，翘尾，四足直立，颈部束项圈及环，泥质红陶胎，长24、宽12、高17.4厘米（图九四，2）。

鸡俑　2件（M5：32、40）。均为泥质红陶胎。M5：32，高冠，尖喙，昂首，挺胸，翘尾，立足，两翅及尾羽毛清晰，长18.8、宽8.5、高19.6厘米（图九四，3）；M5：40，低冠，尖喙，昂首，挺胸，翘尾，胸、背各有一只小鸡，双翅及尾羽毛清晰，长12.8、宽8.4、高7.8厘米（图九四，4；图版五八，5）。

抚琴俑　1件（M5：30）。无冠，束发，右衽，宽袖，盘坐，膝上置一长琴，双手抚于琴面，宽13.4、高15、厚7.5厘米（图九四，5；图版五八，6）。

立俑　6件（M5：34、37、38、42、43、44）。均为泥质红陶胎。其中M5：34、44，共2件，形制相同，无冠，束发，右衽，拱手，宽袖，长裙，M5：34，宽5.5、高13.5厘米（图九四，6）；M5：44，宽5.5、高13.5厘米（图九四，7）。M5：37、42、43，共3件，形制相同，束发，右衽，拱手，宽袖，长裙。M5：37，宽7.8、高19.7厘米（图九五，1）；M5：42，宽9.6、高19.8厘米（图九五，2）；M5：43，宽9.6、高19.8厘米（图九五，3）。M5：38，高冠，束发，右衽，拱手，宽袖，长裙，宽6.6、高20.1厘米（图九五，4）。

坐俑　2件（M5：35、41）。M5：35，高冠，束发，右衽，慈眉悦目，双手合十，宽袖，

图九四　金狮湾墓群M5出土陶俑

1. 猪俑（M5：26）　2. 狗俑（M5：27）　3、4. 鸡俑（M5：32、40）　5. 抚琴俑（M5：30）　6、7. 立俑（M5：34、44）

盘腿，宽9.6、高15.4厘米（图九五，5；图版五九，1）；M5：41，束发，面带笑容，右衽，头靠右手，呈聆听状，左手自然垂放，盘坐，泥质红陶胎，宽10.4、高16.2厘米（图九五，6）。

哺乳俑　1件（M5：39）。高冠，束发，面带笑容，宽袖，长裙。左手怀抱一婴儿，右手执乳喂奶，盘膝而坐，泥质红陶胎，宽15.8、高20厘米（图九五，7；图版五九，2）。

击鼓俑　1件（M5：45）。方冠，悦目，右衽，宽袖，宽摆，席地而坐，膝前放置一圆鼓，双手呈击打状，泥质红陶胎，宽11.4、高15.5厘米（图九五，8；图版五九，3）。

舞俑　1件（M5：46）。高冠，束发，右衽，宽袖，长摆，手舞足蹈，泥质红陶胎，宽13.7、高20.4厘米（图九五，9；图版五九，4）。

2. 铜器

9件（组），器型主要钫、杯、耳杯、环、盆、釜、镜等。

钫　1件（M5：1）。平面呈圆角方形，尖唇，侈口，束颈，弧肩，弧腹，方足，两侧各饰一个兽面衔环铺首，口径12、底径13.5、高33.5厘米（图九六，1；图版五九，5）。

杯　2件（M5：5、7）。形制相同，圆唇，侈口，弧腹，圈足，腹饰弦纹。M5：5，口径9.2、底径5.7、高6.2厘米（图九六，2；图版五九，6）；M5：7，口径9.2、底径5.2、高5.9厘米

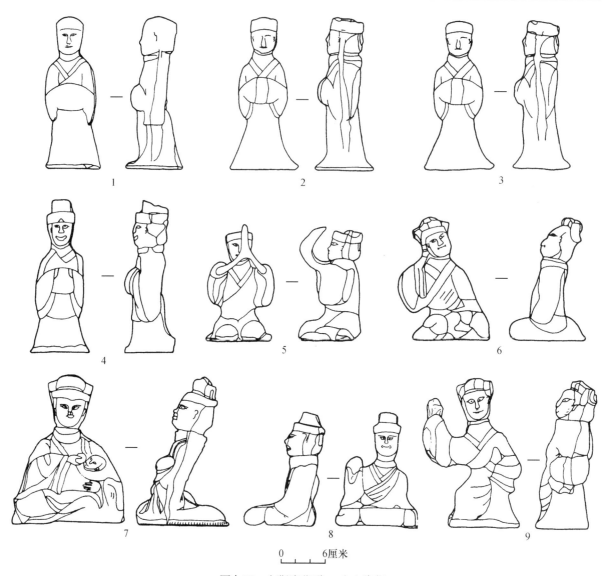

图九五　金狮湾墓群M5出土陶俑

1~4.立俑（M5：37、42、43、38）　　5、6.坐俑（M5：35、41）　　7.哺乳俑（M5：39）　　8.击鼓俑（M5：45）

9.舞俑（M5：46）

（图九六，3）。

　　耳杯　1件（M5：6）。平面椭圆形，侈口，弧腹，平底，口沿附双耳。耳饰动物纹，内底中间为鱼纹，周围饰锯齿纹，口径9.7~11.9、底径3.6~6.8、高2.7厘米（图九六，4；图版六〇，1、2）。

　　盆　1件（M5：23）。平沿，侈口，斜腹，平底，口径35.6、底径19.5、高14.6厘米（图九六，5；图版六〇，3）。

　　鍪　1件（M5：24）。圆唇，斜沿，折颈，折肩，鼓腹，圜底，腹饰弦纹，肩两侧各饰一鋬，口径31、高22.5厘米（图九六，6；图版六〇，4）。

　　镜　1件（M5：33）。桥形纽，三角缘，镜面微弧，外区饰卷云纹、锯齿纹，内区饰放射纹，八兽八乳钉，纽旁饰柿蒂纹，直径10.6、厚0.5厘米（图九六，7；图版六〇，5）。

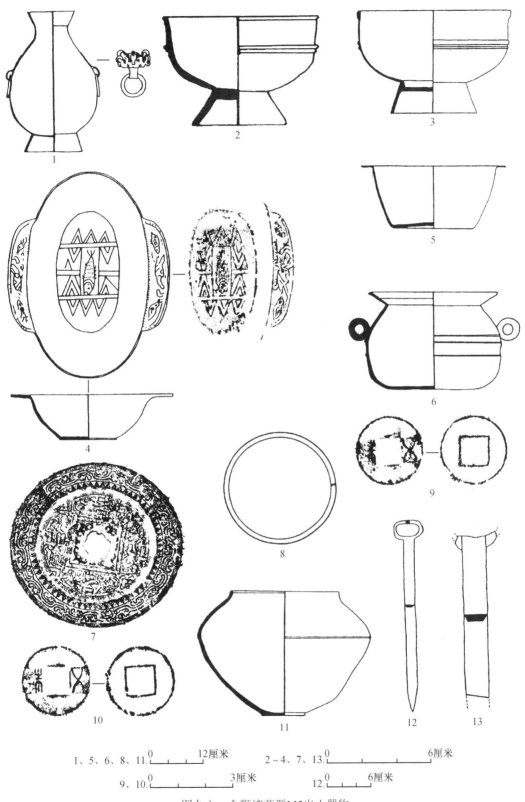

图九六　金狮湾墓群M5出土器物

1.铜钫（M5：1）　2、3.铜杯（M5：5、7）　4.铜耳杯（M5：6）　5.铜盆（M5：23）　6.铜鍪（M5：24）
7.铜镜（M5：33）　8.铜器沿（M5：49）　9、10.铜钱（M5：51）　11.铁釜（M5：2）　12、13.铁刀（M5：13、52）

0 ————— 3厘米

图九七　金狮湾墓群M5墓砖拓片

　　器沿　1件（M5：49）。环状，为器物的口沿，直径26厘米（图九六，8）。

　　铜钱　1组（M5：51）。19枚，钱文"五铢"篆书，有外郭；素背，有内外郭，外径2.5、孔径1、厚0.1厘米（图九六，9、10）。

3. 其他

　　5件，器型主要有铁釜、铁支架、铁刀、动物牙齿等。

　　铁釜　1件（M5：2）。平唇，敛口，弧肩，弧腹，下腹内收，平底，下置三足支架（M5：53），口径26、底10.3、高29厘米（图九六，11；图版六〇，6）。

　　铁支架　1件（M5：53）。带状环，附三足，环截面呈长方形，上置铁釜（M5：1），器残。

　　铁刀　2件（M5：13、52）。M5：13，环首，直背，弧刃，直柄，长26、宽14、厚2.4厘米（图九六，12）；M5：52，环首，直背，刀尖残缺，残长9.5、宽1.4、厚0.4厘米（图九六，13）。

　　动物牙齿　1件（M5：50）。白色，齿面有轻度磨损，齿根有切痕。

肆 结 语

万州金狮湾墓群位于峡江两岸的坡地，发掘的汉代墓葬以竖穴土坑墓为主金狮湾墓群Ⅰ区墓葬背靠高地，朝向长江；Ⅱ区墓葬背靠高地，朝向山谷或长江。15座墓虽然未发现纪年材料，但通过比对出土的陶器及铜钱，确认墓葬的相对年代均为汉代，并可以在此基础上将墓葬细分为西汉早期、西汉中期、新莽时期、东汉早期、东汉中期与东汉晚期。

一、墓葬形制

金狮湾墓群虽遭近期盗掘，但墓葬形制基本保存较完整，分为长方形竖穴土坑墓、凸字形土坑墓与刀形砖室墓三种，均开凿于生土或岩坑中，除M7打破M8外，其余墓葬无打破关系。

长方形竖穴土坑墓12座，平面呈长方形，墓葬有Ⅰ区发掘的M1、M2、M3、M7、M8、M9，Ⅱ区发掘的墓葬均为这一类型，有M10、M11、M12、M13、M14、M15。

凸字形土坑墓2座，墓室均为长方形，前壁中部附短斜坡墓道，整个墓葬平面呈凸字形，墓葬有Ⅰ区发掘的M4、M6。

刀形砖室墓1座，墓室呈长方形，一侧设窄长方形的甬道，整个墓葬平面呈刀把形，墓葬有Ⅰ区发掘的M5。

川渝地区的竖穴土坑墓在战国时期已经出现，西汉时期成为最主要的墓葬形式之一，东汉中晚期及之后，凸字形土坑墓与砖室墓的墓葬形式开始流行。

二、出土器物类型

15座墓葬出土器物较丰富，共清理各类器物632件（组、套），按器物质地可分为陶器、铜器、铁器、石器、银器、料器、炭器及骨器等。

（一）陶器

出土陶器共458件（套），约占出土器物的72.2%，质地以泥质灰陶（393件）为主，另有泥质褐陶（23件）、泥质红陶（40件）与夹砂硬陶（2件）。陶器可分为25种器型，包括礼器类如鼎、钫、壶、盒、簋、匜，生活用器类如瓿、罐、钵、盆、甑、灯、熏、盏、鍪，模型明器类如井、池、屋、俑等。

1. 礼器类

31件，器型有鼎、钫、壶、盒、簋、匜等。

鼎 7件，分别出土于M9、M10、M11、M12中，多伴出壶、盒，少数有盖，双立耳，多为蹄状足。耳部、足部为模制后贴塑而成。除M12：25为黄褐釉红陶胎外，均为泥质灰陶胎。根据腹部、足部的差异，可分为二式：

Ⅰ式 5件，腹呈圆弧形，蹄状足，足根外撇，分别为M10：56、M10：58、M11：18、M11：19、M12：25。

Ⅱ式 2件，腹较深，内底近平，三短足，微内曲，分别为M9：11、M9：15。

钫 1件，方形，盖面有方形插孔，钫身侧面对饰兽面衔环铺首，为M11：23。

壶 13件，分别出土于M2、M4、M5、M6、M8、M10、M11、M12、M13、M14中，多为单独出现，少量与鼎、盒同出。M6：35、M12：24为黄褐釉泥质红陶胎，M11：18、M11：19为泥质褐陶胎，余均为泥质灰陶胎。另M2出土1件器盖，M2：19。据壶的口部与器腹差异，可分为四式：

Ⅰ式 1件。侈口，短颈，器腹较高，为M8：8。

Ⅱ式 2件。盘口，器型矮壮，分别为M4：34、M13：20。

Ⅲ式 8件。盘口，圈足，多贴塑铺首或环，分别为M2：9、M5：17、M6：35、M10：13、M10：17、M11：18、M11：19、M12：24。

Ⅳ式 2件。盘口，平底微内凹，分别为M6：7、M14：58。

盒 7件，分别出土于M9、M10、M11，多与壶、鼎同出。M10：29、M11：21、M11：22为泥质褐陶胎，余均为泥质灰陶胎。据器腹差异，可分为二式：

Ⅰ式 4件，腹部方折，下腹斜收，器表饰卷云纹，分别为M9：17、M10：29、M10：46、M10：59。

Ⅱ式 3件，腹部无折，整体呈弧形，分别为M9：16、M11：21、M11：22。

簋 2件，均为黄褐釉泥质红陶胎，其一有盖，盖面有纹饰，分别为M12：33、M12：52。

匜 1件，柄部饰龙首，黄褐釉泥质红陶胎，为M12：30。

2. 生活用器类

406件，器型有圜底罐、平底罐、筒形罐、釜、钵、盆、甑、灯、熏、杯等。

章 3件。分别出土于M6、M12。形制相同，器形扁平，上圆下方，分别为M6：1、M12：80、M12：90。

圜底罐 69件。M5、M8、M10未出土圜底罐，其余12座墓葬均有发现，数量从1件至11件不等。M7：7、M4：44为泥质褐陶胎，余均为泥质灰陶胎。除M13：4、M15：17器残外，余者67件据器型、口沿及肩部可分为四式：

Ⅰa式 3件。平沿，圆肩，圆腹，分别为M1：23、M2：25、M3：1。

Ⅰb式 35件。平沿，折肩，分别为M2：4、M2：11~16、M2：21、M2：22、M2：30、

M3：3、M3：4、M4：24、M4：25、M4：33、M6：20、M6：21、M7：7、M9：2、M11：3~5、M11：7~11、M7：25、M12：39、M12：40、M12：58、M12：70、M13：6、M14：44、M14：90。

Ⅰc式　14件。平沿，束颈，折肩较宽，鼓腹，腹径较大，分别为M6：29、M6：32、M6：36、M12：11、M12：12、M12：17、M14：2、M14：43、M14：47、M14：48、M14：59、M14：60、M14：64、M14：89。

Ⅱa式　3件。束颈，折肩，近直腹，为M3：2。

Ⅱb式　7件。圆肩，下腹弧收，分别为M4：17、M4：18、M4：20、M4：27、M4：29、M4：31、M13：14。

Ⅱc式　1件。肩呈方折，直腹，分别为M6：30、M6：37、M14：49。

Ⅲa式　1件。敞沿，折腹，为M4：44。

Ⅲb式　2件。圆唇，宽沿，圆腹，分别为M9：24、M13：7。

Ⅳ式　1件。侈口，弧颈，圆腹，为M1：13。

平底罐　130件。M3未出土平底罐，其余14座墓葬均有发现。除M15：9、M15：12残外，余者据口、颈、腹与底部可分为七式：

Ⅰa式　9件。方唇，近直颈，肩呈圆弧状，分别为M8：2~7、M11：12、M11：20、M15：11。

Ⅰb式　21件。圆唇，肩呈弧状，分别为M10：9~12、M10：21~23、M10：30~32、M10：40、M10：41、M10：43~45、M10：47~50、M13：2、M13：3、M13：5、M13：8~10、M13：12、M13：23、M13：24。

Ⅰc式　54件。圆唇，肩呈圆鼓状，分别为M1：1~12、M1：24、M1：27、M2：3、M2：23、M5：19、M7：8、M7：11~13、M9：1、M9：3~10、M9：19、M9：21~23、M10：14、M10：20、M10：33、M10：35~39、M10：42、M10：51、M12：77。

Ⅱa式　16件。侈口，肩呈弧形，分别为M5：3、M5：11、M5：48、M6：12、M6：18、M6：19、M6：31、M7：16、M14：3、M14：50、M14：51、M14：53、M14：55、M14：67、M14：77、M14：84。

Ⅱb式　15件。圆唇，直颈，分别为M5：10、M5：15、M5：18、M5：29、M5：36、M7：9、M7：10、M7：14、M7：21、M12：13、M12：41、M12：42、M12：45、M12：51、M12：57。

Ⅱc式　7件。圆唇，直颈，肩腹饰联珠状凸弦纹，分别为M12：16、M12：18、M12：19、M12：21、M12：38、M12：75、M12：83。

Ⅲ式　1件。侈口，弧颈，平底微内凹，为M1：31。

Ⅳ式　3件。敛口，斜颈，平底，分别为M7：5、M7：15、M13：13。

Ⅴ式　1件。尖唇，侈口，束颈，为M4：65。

Ⅵ式　1件。弧领，平底，为M13：11。

Ⅶ式　2件。斜沿，近直颈，平底内凹，分别为M11：6、M11：13。

筒形罐　17件，分别出土于M1、M4、M6、M7、M10、M11、M12、M13、M14，数量从1件至4件不等，均为泥质灰陶胎。据腹部可分为二式：

Ⅰ式　9件，直腹，分别为M1：32、M4：39、M4：42、M4：43、M4：60、M7：17、M10：18、M0：34、M13：17。

Ⅱ式　8件，无系，下腹呈弧形，分别为M6：3、M10：16、M12：2、M12：43、M12：46、M14：68、M14：76、M14：91。

鍪　1件，为M15：10。

钵　130件。除M7、M8、M11与M15外，其余11座墓葬均出土陶钵。据口部、腹部与底部可分为二式：

Ⅰa式　107件。侈口，折腹，分别为M1：15～19、M1：38、M2：18、M4：19、M4：21～23、M4：26、M4：28、M4：30、M4：32、M4：35、M4：37、M4：38、M4：40、M4：41、M4：46～57、M4：64、M4：66～75、M6：4、M6：5、M6：10、M6：11、M6：14、M6：33、M6：41、M6：45、M10：27、M10：28、M10：52、M10：53、M10：60～65、M12：3、M12：6、M12：7、M12：9、M12：14、M12：15、M12：31、M12：34、M12：44、M12：53、M12：54、M12：60～63、M12：65～69、M12：82、M12：85、M12：86、M12：89、M12：91、M12：94、M12：95、M13：19、M14：1、M14：41、M14：42、M14：54、M14：57、M14：63、M14：69～73、M14：81、M14：83、M14：85～88、M14：92。

Ⅰb式　8件。折腹，下腹部呈弧形，为M12：8、M12：20、M12：64、M12：84、M12：87、M12：88、M12：90、M12：96。

Ⅰc式　1件。直口，折腹，为M5：16。

Ⅰd式　1件。折腹，下腹弧收，为M6：9。

Ⅱa式　9件。弧腹，分别为M2：17、M3：7、M5：25、M6：8、M6：15、M6：16、M6：17、M7：3、M7：4。

Ⅱb式　1件。弧腹，下腹弧收，为M1：14。

Ⅱc式　3件。弧腹，下腹微垂，分别为M6：42、M6：43、M6：44。

盆　21件。据腹部、器足与器底可分为四式：

Ⅰ式　3件。圈足，分别为M2：10、M4：36、M12：49。

Ⅱ式　9件。器腹较深，平底，分别为M4：45、M4：58、M5：47、M6：34、M10：54、M12：29、M12：48、M13：18、M14：78。

Ⅲ式　1件。器腹较浅，平底，为M12：35。

Ⅳ式　8件。腹上部呈弧形，平底，分别为M5：4、M5：9、M6：38、M14：45、M14：46、M14：56、M14：65、M14：66。

甑　12件。其中M15：16残，其余据器底可分为二式：

Ⅰ式　7件。内底凸起，分别为M1：21、M2：7、M3：5、M4：62、M7：18、M11：15、M12：71。

Ⅱ式　4件。平底，分别为M10：25、M13：15、M14：61、M14：75。

灯　5件。据柄部形状，可分为二式：

Ⅰ式　1件。柄呈弧形，为M15：8。

Ⅱ式　4件。柄近直，分别为M10：24、M12：28、M13：1、M5：12。

熏　3件。均为泥质红陶胎，盖呈博山式，据形态可分为二式：

Ⅰ式　1件。座呈承盘式，为M12：47。

Ⅱ式　2件。座呈弧形，分别为M6：13、M5：31。

杯　3件，均为泥质红陶胎。据形态可分为二式：

Ⅰ式　1件。呈筒形，附方折錾及三足，黄褐釉，器表饰弦纹，为M12：27。

Ⅱ式　2件。近筒形，无釉，口沿外饰弦纹，分别为M5：8、M5：28。

勺　2件，形制相同，球形勺体，弧柄，泥质红陶胎，分别为M5：48、M12：26。

豆　6件，出土于M15，形制相同，有泥质褐陶胎与泥质灰陶胎两种质地，分别为M15：2～7。

纺轮　2件，出土于M14，形制相同，扁圆体，穿孔附铁棒，分别为M14：93、M14：94。

盖　2件，均有黑色陶衣，胎质有泥质褐陶胎、泥质红陶胎两种，分别为M2：19、M5：54。

3. 模型明器

共计22件，器型有井、池、屋、俑。

井　4件。平面均呈方形，附井架。据井口形状可分为二式：

Ⅰ式　2件。均为泥质灰陶胎，井口为方形，分别为M1：20、M10：15。

Ⅱ式　2件。有泥质灰陶胎与红陶胎两种，井口为圆形，分别为M5：21、M5：22。

池　1件。泥质灰陶胎，平面呈长方形，为M5：14。

屋　1件。泥质灰陶胎，为M5：20。

俑　16件，均出土于M5中，器型有动物俑、乐俑、立俑、坐俑及哺乳俑，2件为泥质灰陶胎，余均为泥质红陶胎，分别为M5：26、M5：27、M5：30、M5：32、M5：34、M5：35、M5：37～46。

（二）铜器

金狮湾墓群共出土铜器85件（组），器型有环、鍪、盆、钫、敦、杯、耳杯、镜、带钩、刀、印、钩，另有12件为漆器附件，器型有铜钉、器沿及饰件，铜钱31组（2760枚）。

1. 铜器

42件（组）。

环　5件。据大小可分为二式：

Ⅰ式　3件。圆形，直径较小。分别为M2：24、M4：9、M14：7。

Ⅱ式　2件。圆形，直径较大。分别为M4：12、M4：13。

鍪　12件。除M1：30残外，其余据颈部可分为二式：

Ⅰ式　7件。折颈，分别为M1：25、M2：5、M2：6、M10：19、M12：59、M15：14、M5：24。

Ⅱ式　4件。弧颈，分别为M4：14、M6：22、M14：39、M14：40。

盆　6件。M1：29残外，其余据腹部有无铺首可分为二式：

Ⅰ式　2件。腹部附兽面衔环铺首，分别为M4：15、M7：1。

Ⅱ式　3件，分别为M3：8、M5：23、M12：74。

钫　4件。形制相同，肩部附兽面铺首或兽面衔环铺首，分别为M1：28、M5：1、M7：2、M12：23。

敦　1件，为M2：1。

杯　2件，分别为M5：5、M5：7。

耳杯　1件，为M5：6。

镜　2件，分为M14：33、M5：33。

带钩　2件，为M2：24、M9：14。

刀　1件，为M2：26。

印　1件，为M4：16。

钩　1件，为M8：1。

棺钉　4组。形制相同，大小不一，共计44枚，分别为M1：36、M1：37、M9：12、M9：13。

2. 漆器附件

12件（枚）。

钉　7枚。形制相同，圆弧形钉帽，分别为M1：35、M2：29、M10：2、M12：56。

器沿　3件。圆环形，分别为M5：49、M12：36、M12：37。

饰件　2件，分别为M12：55、M14：37。

3. 铜钱

31组。除M3、M7、M8外，各墓葬均出土数量不等的铜钱，共计2760枚。钱文有"半两""五铢""大泉五十""货泉"。分别为M1：26、M2：27、M2：28、M4：1~6、M6：26~28、M6：39、M9：18、M10：3~5、M10：55、M11：2、M12：1、M12：4、M12：10、M12：22、M12：32、M12：50、M13：21、M13：22、M14：34、M14：52、M15：1、M5：51。

（三）铁器

除M8外，金狮湾墓群有14座墓葬内出土铁器，器型有鼎、剑、鍪、釜、钩、支架、刀、臿、斧、勺等，共计46件。

鼎 1件。为M15：13，形制与Ⅰ式陶鼎相同。

剑 2件。形制相同，均附铜剑格，柄部长短不一，分别为M4：7、M9：20。

鍪 5件。两侧附双系，多残，分别为M4：59、M7：19、M10：26、M11：14、M13：16。

釜 9件。据口沿，可分为二式：

Ⅰ式 3件。直口，分别为M4：63、M14：62、M15：15。

Ⅱ式 6件。敛口，分别为M1：22、M2：8、M3：6、M5：2、M6：40、M12：72。

钩 1件。环首，为M4：10。

支架 5件。据附件形式，可分为二式：

Ⅰ式 带状环，三足外撇，分别为M1：34、M7：20、M5：53。

Ⅱ式 带状环，三足外撇，足上部附尖状支撑铁条，分别为M12：73、M14：95。

刀 共13件。根据首部形状，可分为二式：

Ⅰ式 12件。环首，分别为M2：2、M4：8、M5：13、M5：52、M6：6、M10：6、M11：1、M12：5、M12：81、M14：38、M14：74、M14：82。

Ⅱ式 1件。直首，分别为M10：8。

臿 1件，为M10：1。

斧 1件，为M10：7。

勺 1件，为M1：24。

器型不明 7件，分别为M7：6、M12：76、M12：78、M14：35、M14：36、M14：79、M14：80。

（四）其他

金狮湾墓群共出土银环、镯、石片、石块、炭精羊、司南、珠、耳珰、骨珠等器物46件。

银环 5件。形制相同，均为圆形，环状，分别为M14：8、M14：9、M14：99～101。

银镯 3件。形制相同，均为圆形，环状，分别为M14：21、M14：22、M14：23。

石片 3件。长方形，薄片状，表面有的残存红色痕迹，分别为M4：11、M6：2、M12：93。

石块 5件。三件完整，形状不规则；两件为半块。分别为M4：61、M6：23、M6：24、M6：25、M10：57。

炭精羊 2件，分别为M14：4、M14：6。

炭精司南 1件，为M14：5。

炭珠　1件，为M14：10。

炭器　1件。器型不明，为M12：79。

耳珰　3件。形制相同，分别为M14：12、M14：96、M14：97。

料器　16件。分别为M14：14～20、M14：24～32。

金属块　1件。长方形，为M14：13。

骨珠　2件。分别为M14：11、M15：18。

蛋壳　2件。乳黄色，薄片状，残碎，分别为M1：33、M14：98。

动物牙齿　1件，为M5：50。

三、分期与年代

金狮湾墓群发掘的15座墓葬仅在Ⅰ区发现一组有打破关系，墓葬内均未出土有明确纪年的文字材料，但出土器物及组合关系的差异十分明显，据器物及铜钱可对这15座墓葬进行分期与断代。

（一）打破关系

M7打破M8，M7的绝对年代晚于M8。

（二）铜钱分期

金狮湾墓群M3、M7、M8未发现铜钱，这三座墓葬虽遭近期扰乱，但从出土器物分布判断，原墓中应未随葬铜钱。其余墓葬中共出土"半两""五铢""大泉五十""货泉"等铜钱31组，共计2760枚。

"半两"钱的铸造时代从战国延续至西汉早期，迄于武帝元狩五年（公元前118年）。《汉书·食货志》载："秦并天下……铜钱质如周钱，文曰'半两'，重如其文。"[1]《汉书·高后纪》："二年春……行八铢钱。"颜师古注曰："应劭曰：'本秦钱，质如周钱，文曰"半两"，重如其文，即八铢也。'"[2]《汉书·食货志》："孝文五年，为钱益多而轻，乃更铸四铢钱，其文为'半两'。"[3]M15出土289枚铜钱，钱文可辨者均为"半两"，余者无内外郭，亦应为"半两"，未发现"五铢"钱，结合墓葬出土陶器、铁器与铜器等，推断M15的绝对年代为西汉武帝元狩五年前，相对年代为西汉早期。

两汉"五铢"钱的铸造与流通时间长久，文献所载西汉武帝至东汉灵帝时期均铸造过"五铢"钱。《洛阳烧沟汉墓》将"五铢"分为五型，第一型对应武帝至元帝时期，第二型对应宣帝至平帝时期，第三型对应新莽至东汉中期；第四型对应东汉中期至桓灵时期，第五型对应东

---

① （汉）班固撰、（唐）颜师古注：《汉书·食货志下》，中华书局，1962年，第1152页。

② （汉）班固撰、（唐）颜师古注：《汉书·高后纪》，中华书局，1962年，第97、98页。

③ （汉）班固撰、（唐）颜师古注：《汉书·食货志下》，中华书局，1962年，第1153页。

汉末期①。

M1、M2、M4、M10、M13出土"五铢"，"五"字两笔弯曲，上下与两横相接处呈垂直状，与烧沟汉墓"五铢"钱的第一型相似；M9出土的"五铢"钱有两种，其一"五"字交叉处略弯曲，"铢"字方首，与烧沟汉墓第一型相似，其二"五"字交叉处弯曲，"铢"字方首，与烧沟汉墓第二型相似；M11出土"半两"与"五铢"钱，其中"五铢"钱，"五"字两笔弯曲，上下与两横相接处呈垂直状，"铢"字方首，与烧沟汉墓第二型相似；M12出土"五铢""大泉五十"与"货泉"，"五铢"与第二型相似，"大泉五十"与"货泉"均为新莽时期铸行的钱币；M14出土"五铢"与"货泉"，"五铢"与第一型、第二型、第三型相似；M5出土"五铢"与第二型、第四型相似；M6出土"五铢"与第四型相似。

（三）墓葬分期

第一期：1座，长方形竖穴土坑墓，为M15。随葬器物多为陶器，基本组合为鼎、鍪、釜、瓿、罐。

M15：Ⅰ式鼎、Ⅰa式平底罐、Ⅰ式灯、豆、瓿、Ⅰ式铜鍪、Ⅰ式铁釜、铜钱、骨珠。

第二期：7座，竖穴土坑墓，其中凸字形1座为M4，长方形6座分别为M1、M2、M3、M7、M10、M13。出土器物多为陶器，基本组合为壶、瓿、釜、鍪、罐。

M1：Ⅰa式圜底罐、Ⅳ式圜底罐、Ⅰa式平底罐、Ⅲ式平底罐、Ⅰ式筒形罐、Ⅰa式钵、Ⅱb式钵、Ⅰ式瓿、Ⅰ式井、铜盆、Ⅰ式铜鍪、铜钫、铜钉、铜棺钉、铜钱、Ⅱ式铁釜、Ⅰ式铁支架、铁勺；

M2：Ⅰa式圜底罐、Ⅰb式圜底罐、Ⅰa式平底罐、Ⅰa式钵、Ⅱa式钵、Ⅰ式盆、Ⅰ式瓿、Ⅲ式壶、Ⅰ式铜环、Ⅰ式铜鍪、铜钉、铜敦、铜带钩、铜刀、铜钱、Ⅱ式铁釜、Ⅰ式铁刀；

M3：Ⅰa式圜底罐、Ⅰb式圜底罐、Ⅱa式圜底罐、Ⅱa式钵、Ⅰ式瓿、Ⅱ式铜盆、Ⅱ式铜鍪、Ⅱ式铁釜；

M4：Ⅰb式圜底罐、Ⅱb式圜底罐、Ⅲa式圜底罐、Ⅴ式平底罐、Ⅰ式筒形罐、Ⅰa式钵、Ⅰ式盆、Ⅱ式盆、Ⅰ式瓿、Ⅱ式壶、Ⅰ式铜环、Ⅱ式铜环、Ⅰ式铜盆、铜印、铜钱、铁剑、铁钩、Ⅰ式铁釜、铁鍪、Ⅰ式铁刀、石片、石块；

M7：Ⅰb式圜底罐、Ⅰa式平底罐、Ⅱa式平底罐、Ⅱb式平底罐、Ⅳ式平底罐、Ⅰ式筒形罐、Ⅱa式钵、Ⅰ式瓿、Ⅰ式铜盆、铜钫、铜鍪、Ⅰ式铁支架；

M8：Ⅰc式平底罐、Ⅰ式壶、铜钩；

M10：Ⅰa式平底罐、Ⅰb式平底罐、Ⅰ式筒形罐、Ⅱ式筒形罐、Ⅰa式钵、Ⅱ式盆、Ⅱ式瓿、Ⅲ式壶、Ⅰ式鼎、Ⅰ式盒、Ⅱ式灯、Ⅰ式井、Ⅰ式铜鍪、铜钉、铜钱、铁鍪、Ⅰ式铁刀、Ⅱ式铁刀、铁甬、铁斧、石块；

M13：Ⅰb式圜底罐、Ⅱb式圜底罐、Ⅲb式圜底罐、Ⅰb式平底罐、Ⅳ式平底罐、Ⅵ式平底罐、Ⅰ式筒形罐、Ⅰa式钵、Ⅱ式盆、Ⅱ式瓿、Ⅱ式壶、Ⅱ式灯、铜钱、铁鍪。

① 中国科学院考古研究所等：《洛阳烧沟汉墓》，科学出版社，1959年，第216页。

第三期：2座，长方形竖穴土坑墓，分别为M9、M11。出土器物多为陶器，基本组合为鼎、壶、盒、罐。

M9：Ⅰb式圜底罐、Ⅲb式圜底罐、Ⅰa式平底罐、Ⅱ式鼎、Ⅰ式盒、Ⅱ式盒、铜棺钉、铜带钩、铜刀、铜钱、铁剑；

M11：Ⅰb式圜底罐、Ⅶ式平底罐、Ⅰ式甄、Ⅲ式壶、Ⅰ式鼎、Ⅱ式盒、铜钫、铜钱、铁鍪、Ⅰ式铁刀。

第四期：2座，长方形竖穴土坑墓，分别为M12、M14。出土器物多为陶器，基本组合为鍪、盆、甄、釜、罐。

M12：Ⅰb式圜底罐、Ⅰc式圜底罐、Ⅰa式平底罐、Ⅱb式平底罐、Ⅱc式平底罐、Ⅱ式筒形罐、Ⅰa式钵、Ⅰb式钵、Ⅰ式盆、Ⅱ式盆、Ⅲ式盆、Ⅰ式甄、Ⅲ式壶、Ⅰ式鼎、Ⅱ式灯、章、Ⅰ式熏、勺、Ⅰ式杯、匜、篦、纺轮、Ⅱ式铜盆、Ⅰ式铜鍪、铜钫、铜钉、铜器沿、铜饰件、铜钱、Ⅱ式铁釜、Ⅱ式铁支架、Ⅰ式铁刀、石片、炭器；

M14：Ⅰb式圜底罐、Ⅰc式圜底罐、Ⅱc式圜底罐、Ⅱa式平底罐、Ⅱ式筒形罐、Ⅰa式钵、Ⅱ式盆、Ⅳ式盆、Ⅱ式甄、Ⅰ式铜环、Ⅱ式铜鍪、铜镜、铜饰件、铜钱、Ⅰ式铁釜、Ⅱ式铁支架、Ⅰ式铁刀、银镯、银环、炭精羊、司南、料珠、琉璃耳珰、金属块。

第五期：2座，墓前均设墓道，其中M5为刀形砖室墓，墓底不设铺地砖，墓壁为长方形菱格纹砖错缝平砌，M6为凸字形土坑墓。出土器物以陶器为主，基本组合为壶、盆、鍪、釜、罐。

M5：Ⅰa式平底罐、Ⅱa式平底罐、Ⅱb式平底罐、Ⅰb式钵、Ⅱa式钵、Ⅱ式盆、Ⅳ式盆、Ⅲ式壶、Ⅱ式灯、Ⅱ式井、Ⅱ式熏、勺、Ⅱ式杯、池、屋、俑、Ⅱ式铜盆、Ⅱ式铜鍪、铜钫、铜器沿、铜杯、铜耳杯、铜镜、铜钱、Ⅱ式铁釜、Ⅰ式铁刀；

M6：Ⅰb式圜底罐、Ⅰc式圜底罐、Ⅱa式圜底罐、Ⅱa式平底罐、Ⅱ式筒形罐、Ⅰa式钵、Ⅰd式钵、Ⅱa式钵、Ⅱc式钵、Ⅱ式盆、Ⅳ式盆、Ⅲ式壶、章、Ⅱ式熏、Ⅱ式铜鍪、铜钱、Ⅱ式铁釜、Ⅰ式铁刀、石片、石块。

（四）墓葬时代

三峡地区发现的汉代纪年主要是器物纪年与纪年砖，可供比较材料较少。金狮湾墓群发掘15座墓葬中均未出土纪年材料，但墓葬形制与出土器物具有典型的时代特征，参考三峡地区已发掘的汉代遗址地层与墓葬资料，并结合金狮湾墓群出土的铜钱，可对这15座墓葬进行分期：

第一期 共1座（M15），为土坑墓，出土器物有陶器、铜器、铁器等。

铁鼎M15：13，可见于巫山瓦岗槽战国晚期M11：3陶鼎[1]、奉节上关遗战国晚期M32：1陶

---

① 南京博物院考古研究所等：《巫山瓦岗槽墓地发掘报告》，《重庆库区考古报告集·1998卷》，科学出版社，2003年。

鼎①、忠县崖脚墓地战国（楚）墓BM3：4铜鼎②、云阳故陵楚墓（战国）M3：6陶鼎③，具有战国晚期（楚）陶鼎的特点。陶豆M15：2、M15：3、M15：6、M15：7，可见于涪陵镇安遗址西汉早期墓M2：3、M3：4、M5：2、M6：1、M9：26④，秦汉之际M13：6，西汉初期M14：37⑤，忠县崖脚墓地战国（巴）时期BM2：2、BM2：48⑥，万州中坝子遗址东周时期M34：1～24等共计29件⑦，万州武陵墓群战国晚期至西汉早期M7：2、M7：3、M7：4陶豆⑧，忠县瑝井沟遗址群崖脚墓地DM55：1、DM60：2、DM60：3陶豆⑨，具有西汉早期特点。陶平底罐M15：11可见于忠县老鸦冲遗址西汉早期AM25：3陶罐⑩，具有西汉早期特点。

铜钱均为半两，铸行时代为秦至汉初，不见元狩五年始铸行的五铢钱，其绝对年代应在汉文帝之前的西汉初年。

结合上述材料与M15出土的铜钱判断，M15的相对年代为西汉早期，是金狮湾墓群的第一期墓葬。

第二期　共8座（M1、M2、M3、M4、M7、M8、M10、M13），为土坑墓，出土器物有陶器、铜器、铁器、石器等。

M1：1陶罐可见于石柱砖瓦溪墓地西汉中期M6：41陶罐⑪、西汉中晚期M25：11陶罐⑫。M1：13陶圜底罐可见于石柱砖瓦溪墓地西汉中晚期M26：填土-2陶罐⑬。M1：18陶钵可见于

① 重庆市文物考古所：《奉节上关遗址发掘简报》，《重庆库区考古报告集·1998卷》，科学出版社，2003年。

② 北京大学考古文博学院三峡考古队等：《忠县崖脚墓地发掘报告》，《重庆库区考古报告集·1998卷》，科学出版社，2003年。

③ 中国历史博物馆故陵考古队等：《云阳故陵楚墓发掘报告》，《重庆库区考古报告集·1998卷》，科学出版社，2003年。

④ 北京市文物研究所三峡考古队等：《涪陵镇安遗址发掘报告》，《重庆库区考古报告集·1998卷》，科学出版社，2003年。

⑤ 北京市文物研究所三峡考古队等：《涪陵镇安遗址发掘报告》，《重庆库区考古报告集·1999卷》，科学出版社，2006年。

⑥ 北京大学考古文博学院三峡考古队等：《忠县崖脚墓地发掘报告》，《重庆库区考古报告集·1998卷》，科学出版社，2003年。

⑦ 西北大学考古队：《万州中坝子遗址第三次发掘简报》，《重庆库区考古报告集·1999卷》，科学出版社，2006年。

⑧ 重庆市文物考古研究所等：《万州武陵墓群发掘报告》，《重庆库区考古报告集·2002卷》，科学出版社，2010年。

⑨ 北京大学考古文博学院三峡考古队等：《忠县瑝井沟遗址群崖脚墓地（半边街）墓地发掘报告》，《重庆库区考古报告集·2000卷》，科学出版社，2007年。

⑩ 重庆市文物考古所等：《忠县老鸦冲遗址（墓葬部分）发掘简报》，《重庆库区考古报告集·2000卷》，科学出版社，2007年。

⑪ 山西省考古研究所等：《石柱砖瓦溪墓地发掘报告》，《重庆库区考古报告集·2001卷》，科学出版社，2007年。

⑫ 山西省考古研究所等：《石柱砖瓦溪遗址发掘报告》，《重庆库区考古报告集·2002卷》，科学出版社，2010年。

⑬ 山西省考古研究所等：《石柱砖瓦溪遗址发掘报告》，《重庆库区考古报告集·2002卷》，科学出版社，2010年。

巫山江东嘴墓群汉墓（西汉）M25：62，M2：18陶钵可见于M25：36陶钵①。M1：23、M2：25、M3：1圜底罐，可见于奉节小云盘遗址新莽至东汉时期ⅡM3：6②陶罐、忠县瓦窑古墓群西汉早中期BM5：20、BM5：21、BM5：24、BM5：25陶罐③。M3：2陶圜底罐可见于云阳马沱墓地西汉中晚期M24：19陶瓮④。M4：14铜鍪可见于云阳马沱墓地西汉中晚期M2：103铜鍪⑤。M4：17、M13：14圜底罐与巫山张家湾遗址T711⑪：8罐⑥相同，T711⑪层为西汉地层，所出陶片较多，以泥质灰陶为主，纹饰主要有绳纹、弦纹、网格纹等，并出土半两钱，亦可见于万州王家沱遗址西汉晚期墓陶罐M1：1、M1：2⑦。M4：42、M7：17、M10：34陶筒形罐可见于万州王家沱遗址西汉晚期M1：11筒形罐⑧、忠县崖脚墓地西汉时期BM10：39筒形罐，M10：36平底罐与BM10：31罐⑨。M7：5陶平底罐可见于石柱砖瓦溪墓地西汉中晚期M26：42陶罐⑩、万州礁芭石墓地西汉晚期M17：37、M17：40陶罐⑪。M7：7陶圜底罐可见于忠县瓦窑古墓群西汉早中期BM4：10、BM4：13、西汉中晚期BM7：8陶罐⑫。M10：12陶平底罐可见于石柱砖瓦溪墓地西汉中期M7：30陶罐⑬。M10：25陶甑可见于石柱砖瓦溪墓地西汉中晚期M25：6陶甑⑭。M8：8陶壶可见于巫山麦沱古墓群M49：16陶壶⑮。M10：46陶盒可见于云阳马

①　中国文物研究所等：《巫山江东嘴墓群发掘报告》，《重庆库区考古报告集·2000卷》，科学出版社，2007年。

②　内蒙古文物考古研究所：《奉节小云盘遗址发掘报告》，《重庆库区考古报告集·1999卷》，科学出版社，2006年。

③　长沙市文物考古研究所等：《忠县瓦窑古墓群发掘报告》，《重庆库区考古报告集·2002卷》，科学出版社，2010年。

④　郑州市文物考古研究所等：《云阳马沱墓地2001年度发掘报告》，《重庆库区考古报告集·2001卷》，科学出版社，2007年。

⑤　郑州市文物考古研究所等：《云阳马沱墓地2001年度发掘报告》，《重庆库区考古报告集·2001卷》，科学出版社，2007年。

⑥　南京大学历史系考古专业等：《巫山张家湾遗址第二次发掘报告》，《重庆库区考古报告集·1999卷》，科学出版社，2006年。

⑦　重庆市博物馆等：《万州王家沱遗址发掘报告》，《重庆库区考古报告集·1999卷》，科学出版社，2006年。

⑧　重庆市博物馆等：《万州王家沱遗址发掘报告》，《重庆库区考古报告集·1999卷》，科学出版社，2006年。

⑨　北京大学考古文博学院三峡考古队等：《忠县崖脚墓地发掘报告》，《重庆库区考古报告集·1998卷》，科学出版社，2003年。

⑩　山西省考古研究所等：《石柱砖瓦溪遗址发掘报告》，《重庆库区考古报告集·2002卷》，科学出版社，2010年。

⑪　广东省文物考古研究所等：《万州礁芭石墓地第二次发掘报告》，《重庆库区考古报告集·2002卷》，科学出版社，2010年。

⑫　长沙市文物考古研究所等：《忠县瓦窑古墓群发掘报告》，《重庆库区考古报告集·2002卷》，科学出版社，2010年。

⑬　山西省考古研究所等：《石柱砖瓦溪墓地发掘报告》，《重庆库区考古报告集·2001卷》，科学出版社，2007年。

⑭　山西省考古研究所等：《石柱砖瓦溪遗址发掘报告》，《重庆库区考古报告集·2002卷》，科学出版社，2010年。

⑮　重庆市文化局等：《巫山麦沱古墓群第二次发掘报告》，《重庆库区考古报告集·1998卷》，科学出版社，2003年。

沱墓地西汉中晚期M2：99陶盒、新莽时期M50：47陶盒[①]。M10：56陶鼎可见于云阳张家嘴墓群西汉中晚期M3：8陶鼎[②]。M13：7圜底罐可见于忠县崖脚墓地新莽时期BM22：110罐[③]、涪陵镇安遗址西汉早期M20：2[④]。

M1、M2、M4、M10、M13出土"五铢"，"五"字两笔弯曲，上下与两横相接处呈垂直状，可见于洛阳烧沟汉墓"五铢"钱的第一型相似[⑤]。

结合对比材料和铜钱判断，M1、M2、M3、M4、M7、M8、M10、M13为西汉中期墓葬，是金狮湾墓群的第二期墓葬。

第三期　共2座（M9、M11），为土坑墓，出土器物有陶器、铜器、铁器。

陶鼎M9：11、M9：15可见于巫山瓦岗槽新莽时期M10：21[⑥]、万州王家沱遗址西汉晚期墓陶鼎M1：10[⑦]。M11：17陶鼎可见于云阳张家嘴墓群西汉中晚期M9：28陶鼎[⑧]。陶平底罐M9：3～10可见于万州王家沱遗址西汉晚期墓陶罐M1：22[⑨]、万州礁芭石墓地西汉晚期偏早M8：11陶瓮[⑩]、石柱砖瓦溪墓地西汉中晚期M26：45、M23：21陶罐[⑪]。陶盒M9：16、M9：17、M11：21、M11：22可见于奉节宝塔坪墓群西汉晚期M1006：15、M1006：18、M1006：20陶盒、新莽至东汉初期M1025：32陶盒[⑫]、万州礁芭石墓地西汉晚期M20：31陶盒[⑬]、万州王家沱遗址西汉晚期墓陶盒M1：13、M1：25[⑭]、秭归卜庄河西汉中期M5：1[⑮]、云阳李家坝秦代

①　郑州市文物考古研究所等：《云阳马沱墓地2001年度发掘报告》，《重庆库区考古报告集·2001卷》，科学出版社，2007年。

②　西安半坡博物馆等：《云阳张家嘴墓群发掘简报》，《重庆库区考古报告集·2002卷》，科学出版社，2010年。

③　北京大学考古文博学院三峡考古队等：《忠县崖脚墓地发掘报告》，《重庆库区考古报告集·1998卷》，科学出版社，2003年。

④　北京市文物研究所三峡考古队等：《涪陵镇安遗址发掘报告》，《重庆库区考古报告集·1999卷》，科学出版社，2006年。

⑤　中国科学院考古研究所：《洛阳烧沟汉墓》，科学出版社，1959年，第224页。

⑥　南京博物院考古研究所等：《巫山瓦岗槽汉代墓地发掘报告》，《重庆库区考古报告集·1997卷》，科学出版社，2001年。

⑦　重庆市博物馆等：《万州王家沱遗址发掘报告》，《重庆库区考古报告集·1999卷》，科学出版社，2006年。

⑧　西安半坡博物馆等：《云阳张家嘴墓群发掘简报》，《重庆库区考古报告集·2002卷》，科学出版社，2010年。

⑨　重庆市博物馆等：《万州王家沱遗址发掘报告》，《重庆库区考古报告集·1999卷》，科学出版社，2006年。

⑩　广东省文物考古研究所等：《万州礁芭石墓地发掘报告》，《重庆库区考古报告集·2001卷》，科学出版社，2007年。

⑪　山西省考古研究所等：《石柱砖瓦溪遗址发掘报告》，《重庆库区考古报告集·2002卷》，科学出版社，2010年。

⑫　吉林大学边疆考古研究中心等：《奉节宝塔坪墓群战国、汉代墓葬发掘报告》，《重庆库区考古报告集·2000卷》，科学出版社，2007年。

⑬　广东省文物考古研究所等：《万州礁芭石墓地第二次发掘报告》，《重庆库区考古报告集·2002卷》，科学出版社，2010年。

⑭　重庆市博物馆等：《万州王家沱遗址发掘报告》，《重庆库区考古报告集·1999卷》，科学出版社，2006年。

⑮　宜昌地区博物馆：《秭归卜庄河古墓发掘简报》，《江汉考古》1991年第4期。

至西汉初年M10：5①、云阳马沱墓地西汉晚期至新莽时期M55：2②陶盒、云阳李家坝新莽时期M37：18③。陶壶M11：18、M11：19，可见于云阳李家坝新莽时期M37：35陶壶④。

M9出土的"五铢"钱有两种，其一"五"字交叉处略弯曲，"铢"字方首，与烧沟汉墓第一型相似，其二"五"字交叉处弯曲，"铢"字方首，可见于洛阳烧沟汉墓第二型；M11出土"半两"与"五铢"钱，其中"五铢"钱，"五"字两笔弯曲，上下与两横相接处呈垂直状，"铢"字方首，可见于洛阳烧沟汉墓第二型⑤。

结合对比材料和铜钱判断，M9、M11为西汉晚期墓葬，是金狮湾墓群的第三期墓葬。

第四期　共2座（M12、M14），为土坑墓，出土器物有陶器、铜器、铁器、银器、石器、琉璃器等。

金狮湾墓群M12：24陶壶可见于巫山瓦岗槽墓地东汉"建初六年"M12：9陶壶⑥、云阳营盘包墓群王莽时期M17：3陶壶⑦。M12：12、M12：17、M14：59圜底罐，可见于奉节小云盘遗址西汉晚期ⅡM1：14⑧、万州沙田墓群东汉早期M5：17⑨、万州大坪墓群东汉早期M37：28⑩，万州礁芭石墓地西汉晚期M20：8⑪。M12：18陶平底罐可见于万州礁芭石墓地王莽时期M2：15、M2：132陶罐⑫、石柱砖瓦溪墓地新莽时期M1：6陶罐、M1：7陶罐⑬、忠县罗家桥遗址东汉早中期M5：22陶罐⑭、忠县崖脚墓地新莽时期BM22：85陶罐⑮、丰都汇南墓群新莽时期

① 四川大学历史文化学院考古系等：《云阳李家坝10号岩坑墓发掘报告》，《重庆库区考古报告集·1997卷》，科学出版社，2001年。

② 郑州市文物考古研究所等：《云阳马沱墓地发掘报告》，《重庆库区考古报告集·2002卷》，科学出版社，2010年。

③ 四川大学历史文化学院考古系等：《云阳李家坝37号岩坑墓发掘报告》，《重庆库区考古报告集·1997卷》，科学出版社，2001年。

④ 四川大学历史文化学院考古系等：《云阳李家坝37号岩坑墓发掘报告》，《重庆库区考古报告集·1997卷》，科学出版社，2001年。

⑤ 中国科学院考古研究所：《洛阳烧沟汉墓》，科学出版社，1959年，第225页。

⑥ 南京博物院考古研究所等：《巫山瓦岗槽墓地发掘报告》，《重庆库区考古报告集·1998卷》，科学出版社，2003年。

⑦ 福建省博物馆等：《云阳营盘包墓群发掘报告》，《重庆库区考古报告集·2002卷》，科学出版社，2010年。

⑧ 内蒙古文物考古研究所：《奉节小云盘遗址发掘报告》，《重庆库区考古报告集·1999卷》，科学出版社，2006年。

⑨ 福建省博物馆等：《万州沙田墓群发掘报告》，《重庆库区考古报告集·2000卷》，科学出版社，2007年。

⑩ 重庆市文化局等：《万州大坪墓群发掘简报》，《重庆库区考古报告集·2002卷》，科学出版社，2010年。

⑪ 广东省文物考古研究所等：《万州礁芭石墓地第二次发掘报告》，《重庆库区考古报告集·2002卷》，科学出版社，2010年。

⑫ 广东省文物考古研究所等：《万州礁芭石墓地发掘报告》，《重庆库区考古报告集·2001卷》，科学出版社，2007年。

⑬ 山西省考古研究所等：《石柱砖瓦溪墓地发掘报告》，《重庆库区考古报告集·2001卷》，科学出版社，2007年。

⑭ 成都市文物考古工作等：《忠县罗家桥遗址2001年度发掘报告》，《重庆库区考古报告集·2001卷》，科学出版社，2007年。

⑮ 北京大学考古文博学院三峡考古队等：《忠县崖脚墓地发掘报告》，《重庆库区考古报告集·1998卷》，科学出版社，2003年。

M18∶34、东汉早期M21∶47罐①。M12∶24陶壶可见于新莽至东汉初期M1025∶9、M1025∶22陶壶，M12∶44陶钵可见于奉节宝塔坪墓群西汉晚期M1006∶34陶钵，M12∶82陶章可见于M1006∶37方形石器，M12∶93石片可见于M1006∶38长方形石板②。M12∶46、M14∶68筒形罐可见于巫山瓦岗槽墓地东汉"建初六年"M12∶3陶罐③。M12∶77陶平底罐可见于忠县老鸹冲遗址西汉末年至东汉初期AM13∶39陶罐④。

M14∶44圜底罐可见于万州大坪墓群东汉早期M37∶48陶罐⑤。M14∶46陶盆可见于忠县老鸹冲遗址东汉前期至中期AM5∶10陶罐，墓内出土"元和元年堂狼造"铭铜洗⑥。M14∶49圜底罐可见于万州大周溪遗址东汉中期墓M2∶8、M2∶9⑦、奉节莲花池墓地Ⅲ M40∶01陶罐⑧。M14∶66陶盆可见于万州沙田墓群东汉早期M5∶19陶盆⑨。M14∶75陶甑可见于万州礁芭石墓地西汉晚期M20∶42⑩。M14∶84陶平底罐可见于奉节宝塔坪墓群西汉晚期M1006∶12陶罐、新莽至东汉初期M1025∶15陶罐⑪。M14∶12、M14∶96、M12∶97琉璃耳珰与巫山麦沱东汉早期M33∶15相同，料珠形制与新莽末年至东汉初年M8∶1料珠⑫。

金狮湾墓群M12出土"五铢""大泉五十"与"货泉"，"五铢"可见于洛阳烧沟汉墓第二型，"大泉五十"与"货泉"均为新莽时期铸行的钱币；M14出土"五铢"与"货泉"，"五铢"可见于洛阳烧沟汉墓第一型、第二型、第三型⑬。

结合对比材料和铜钱判断，M12、M14为新莽时期至东汉早期墓葬，是金狮湾墓群的第四期墓葬。

---

① 四川省文物考古研究所等：《丰都汇南墓群发掘报告》，《重庆库区考古报告集·1998卷》，科学出版社，2003年。

② 吉林大学边疆考古研究中心等：《奉节宝塔坪墓群战国、汉代墓葬发掘报告》，《重庆库区考古报告集·2000卷》，科学出版社，2007年。

③ 南京博物院考古研究所等：《巫山瓦岗槽墓地发掘报告》，《重庆库区考古报告集·1998卷》，科学出版社，2003年。

④ 重庆市文物考古所等：《忠县老鸹冲遗址（墓葬部分）发掘简报》，《重庆库区考古报告集·2000卷》，科学出版社，2007年。

⑤ 重庆市文化局等：《万州大坪墓群发掘简报》，《重庆库区考古报告集·2002卷》，科学出版社，2010年。

⑥ 重庆市文物考古所等：《忠县老鸹冲遗址（墓葬部分）发掘简报》，《重庆库区考古报告集·2000卷》，科学出版社，2007年。

⑦ 山东大学考古系等：《万州大周溪遗址发掘报告》，《重庆库区考古报告集·1999卷》，科学出版社，2006年。

⑧ 河北省文物研究所等：《奉节莲花池墓地发掘简报》，《重庆库区考古报告集·2000卷》，科学出版社，2007年。

⑨ 福建省博物馆等：《万州沙田墓群发掘报告》，《重庆库区考古报告集·2000卷》，科学出版社，2007年。

⑩ 广东省文物考古研究所等：《万州礁芭石墓地第二次发掘报告》，《重庆库区考古报告集·2002卷》，科学出版社，2010年。

⑪ 吉林大学边疆考古研究中心等：《奉节宝塔坪墓群战国、汉代墓葬发掘报告》，《重庆库区考古报告集·2000卷》，科学出版社，2007年。

⑫ 湖南省文物考古研究所等：《巫山麦沱汉墓群发掘报告》，《重庆库区考古报告集·1997卷》，科学出版社，2001年。

⑬ 中国科学院考古研究所：《洛阳烧沟汉墓》，科学出版社，1959年，第225页。

第五期　共2座（M5、M6），分别为砖室墓与土坑墓，出土器物有陶器、铜器、铁器、石器等。

金狮湾墓群M5出土陶器的类别、形制可见于忠县崖脚墓地新莽至东汉早期墓AM3、BM22[①]，万州安全墓地东汉晚期M12[②]，万州松岭包墓地东汉晚期M4[③]，涪陵蔺市遗址东汉中晚期墓M1[④]、万州大周溪遗址东汉中晚期M6[⑤]、忠县洋渡沿江汉墓东汉末期M2[⑥]等，墓葬中均出土以陶舞俑、抚琴俑、击鼓俑、坐俑、立俑、猪俑、鸡俑与陶池等为代表的陶质明器，其中，较为典型的是涪陵蔺市遗址M1。

M5：9陶盆可见于涪陵蔺市遗址东汉中晚期墓M1：21陶盆[⑦]，万州大周溪遗址东汉中晚期M6：12、M6：54、M6：58陶盆[⑧]。M5：16陶钵可见于涪陵蔺市遗址东汉中晚期墓M1：22陶钵[⑨]、丰都上河嘴墓群东汉中期偏晚M3：19陶钵[⑩]。M5：17陶壶可见于万州沙田墓群东汉早期M5：52陶壶[⑪]、涪陵蔺市遗址东汉中晚期墓M1：29陶壶[⑫]。M5：19陶罐可见于涪陵蔺市遗址东汉中晚期墓M1：24陶罐[⑬]。M5：21、22陶井与蔺M1：30、43陶井的形制和纹饰相同[⑭]。M5：23铜盆、M5：2铁釜分别可见于丰都上河嘴墓群东汉中期偏晚M3：1铜盆、M3：3铁

---

① 北京大学考古文博学院三峡考古队等：《忠县崖脚墓地发掘报告》，《重庆库区考古报告集·1998卷》，科学出版社，2003年。

② 陕西省考古研究所等：《万州安全墓地发掘报告》，《重庆库区考古报告集·1997卷》，科学出版社，2001年。

③ 青海省文物考古研究所三峡工作队等：《万州松岭包墓地发掘报告》，《重庆库区考古报告集·1997卷》，科学出版社，2001年。

④ 重庆市文物考古所等：《涪陵蔺市遗址发掘简报》，《重庆库区考古报告集·1998卷》，科学出版社，2003年。

⑤ 山东大学考古系等：《万州大周溪遗址发掘报告》，《重庆库区考古报告集·1999卷》，科学出版社，2006年。

⑥ 重庆市文物考古所等：《忠县洋渡沿江汉墓发掘报告》，《重庆库区考古报告集·2002卷》，科学出版社，2010年。

⑦ 重庆市文物考古所等：《涪陵蔺市遗址发掘简报》，《重庆库区考古报告集·1998卷》，科学出版社，2003年。

⑧ 山东大学考古系等：《万州大周溪遗址发掘报告》，《重庆库区考古报告集·1999卷》，科学出版社，2006年。

⑨ 重庆市文物考古所等：《涪陵蔺市遗址发掘简报》，《重庆库区考古报告集·1998卷》，科学出版社，2003年。

⑩ 重庆市文物考古所等：《丰都上河嘴墓群发掘报告》，《重庆库区考古报告集·2000卷》，科学出版社，2007年。

⑪ 福建省博物馆等：《万州沙田墓群发掘报告》，《重庆库区考古报告集·2000卷》，科学出版社，2007年。

⑫ 重庆市文物考古所等：《涪陵蔺市遗址发掘简报》，《重庆库区考古报告集·1998卷》，科学出版社，2003年。

⑬ 重庆市文物考古所等：《涪陵蔺市遗址发掘简报》，《重庆库区考古报告集·1998卷》，科学出版社，2003年。

⑭ 重庆市文物考古所等：《涪陵蔺市遗址发掘简报》，《重庆库区考古报告集·1998卷》，科学出版社，2003年。

釜①。M5：29陶平底罐可见于忠县老鸹冲遗址东汉晚期AM1：9陶罐、AM6：16陶罐②，万州武陵墓群东汉中晚期M4：27、M10：6陶罐③。M5：33为四神规矩纹铜镜，与洛阳烧沟汉墓Ⅵ型1式铜镜相同，这类铜镜"最早出现或许在王莽之前，最盛期应是王莽时，其下限，一直可能到东汉中叶"④。

M6：9陶钵可见于万州大周溪遗址东汉中晚期M6：54陶碗⑤等。M6：12、M6：18、M6：19、M6：31陶平底罐可见于大地嘴墓地东汉早期墓M14：25、M14：30陶罐⑥。M6：21陶圜底罐可见于万州沙田墓群东汉早期M5：72陶罐⑦，万州武陵墓群东汉中晚期M4：14陶圜底罐⑧。M6：29陶圜底罐可见于巫山高唐观墓群东汉晚期M17：24⑨、万州钟嘴墓群东汉晚期M3：60⑩、万州大周溪遗址东汉中晚期墓M6：3、M6：5等4件⑪、万州沙田墓群东汉早期M5：17⑫、万州大坪墓群东汉早期M37：28⑬、丰都杜家包汉墓群东汉中晚期M14：34⑭、丰都上河嘴墓群东汉中期偏晚M3：29陶圜底罐⑮。M6：37陶圜底罐可见于万州团堡地墓群东汉中期M3：33陶瓮⑯、万州大地嘴墓地东汉早期墓M4：46陶罐⑰。

金狮湾墓群M5出土"五铢"可见于洛阳烧沟汉墓第二型、第四型五铢钱，M6出土"五

---

① 重庆市文物考古所等：《丰都上河嘴墓群发掘报告》，《重庆库区考古报告集·2000卷》，科学出版社，2007年。

② 重庆市文物考古所等：《忠县老鸹冲遗址（墓葬部分）发掘简报》，《重庆库区考古报告集·2000卷》，科学出版社，2007年。

③ 重庆市文物考古研究所等：《万州武陵墓群发掘报告》，《重庆库区考古报告集·2002卷》，科学出版社，2010年。

④ 中国科学院考古研究所：《洛阳烧沟汉墓》，科学出版社，1959年，第175页。

⑤ 山东大学考古系等：《万州大周溪遗址发掘报告》，《重庆库区考古报告集·1999卷》，科学出版社，2006年。

⑥ 青海省考古研究所等：《万州大地嘴墓地发掘报告》，《重庆库区考古报告集·1999卷》，科学出版社，2006年。

⑦ 福建省博物馆等：《万州沙田墓群发掘报告》，《重庆库区考古报告集·2000卷》，科学出版社，2007年。

⑧ 重庆市文物考古研究所等：《万州武陵墓群发掘报告》，《重庆库区考古报告集·2002卷》，科学出版社，2010年。

⑨ 湖南省文物考古研究所等：《巫山高唐观墓群发掘简报》，《重庆库区考古报告集·2000卷》，科学出版社，2007年。

⑩ 山东省博物馆等：《万州钟嘴墓群发掘简报》，《重庆库区考古报告集·2000卷》，科学出版社，2007年。

⑪ 山东大学考古系等：《万州大周溪遗址发掘报告》，《重庆库区考古报告集·1999卷》，科学出版社，2006年。

⑫ 福建省博物馆等：《万州沙田墓群发掘报告》，《重庆库区考古报告集·2000卷》，科学出版社，2007年。

⑬ 重庆市文化局等：《万州大坪墓群发掘简报》，《重庆库区考古报告集·2002卷》，科学出版社，2010年。

⑭ 重庆市博物馆：《丰都杜家包汉墓群发掘报告》，《重庆库区考古报告集·1999卷》，科学出版社，2006年。

⑮ 重庆市文物考古所等：《丰都上河嘴墓群发掘报告》，《重庆库区考古报告集·2000卷》，科学出版社，2007年。

⑯ 南宁市博物馆等：《万州团堡地墓群发掘报告》，《重庆库区考古报告集·2001卷》，科学出版社，2007年。

⑰ 青海省考古研究所等：《万州大地嘴墓地发掘报告》，《重庆库区考古报告集·1999卷》，科学出版社，2006年。

铢"可见于洛阳烧沟汉墓第四型[1]。

结合对比材料和铜钱判断，M5、M6为东汉中晚期墓葬，是金狮湾墓群的第五期墓葬。

综上所述，墓葬组别、期别与相对年代的对应关系如下：

第一组，第一期，西汉早期，墓例：M15；

第二组，第二期，西汉中期，墓例：M1、M2、M3、M4、M7、M8、M10、M13；

第三组，第三期，西汉晚期，墓例：M9、M11；

第四组，第四期，新莽至东汉早期，墓例：M12、M14；

第五组，第五期，东汉中晚期，墓例：M5、M6。

四、关于"亭"与"谢氏"

金狮湾墓群Ⅰ区M4、M6与M12共清理出土4枚印章，其中M12两枚与M6印章形制相同，但无印文。M4与M6的印文分别为"谢佻"与"亭"，相邻处均发现长方形石片，"谢佻"为铜质私印，"亭"为陶质。

铜印（M4：16），为方印、桥纽，印文"谢佻印"，篆书、阴刻、反文。M4内共清理出三处木棺痕迹，墓室左侧棺痕内发现铁剑，棺外集中分布大量陶器，棺内应为男性墓主，铜印出土于墓室右前处，相伴发现的器物还有铜环、石片等。谢佻，文献无记载。

陶章（M6：1），形制扁平，上圆，阴刻"亭"字；下方，底面涂有朱砂。根据M6出土器物判断，墓内埋葬两人，陶章出土于近左侧木棺处，棺外集中分布大量陶器。

"亭"是秦汉时期基层的行政组织，《汉书·百官公卿表》载："大率十里一亭，亭有长；十亭一乡，乡有三老、有秩、啬夫、游徼。……县大率方百里，其民稠则减，稀则旷，乡、亭亦如之。皆秦制也。列侯所食县曰国，皇太后、皇后、公主所食曰邑，有蛮夷曰道。凡县、道、国、邑千五百八十七，乡六千六百二十二，亭二万九千六百三十五。"《通典·职官》载："秦制大率十里一亭，亭有亭长。"[2]《后汉书》载："亭有亭长，主禁盗贼。本注曰：'亭长，主求盗贼，承望都尉。'"注曰："'……亭长持二尺板以劾贼，索绳以收执贼。'《风俗通》曰：'汉家因秦，大率十里一亭。亭，留也，盖行旅宿会之所馆。亭吏旧名负弩，改为长，或谓亭父。'"[3]亭长属于基层官吏，主要负责亭、里的日常管理，并有依法维护亭里治安的职能，亭级官吏均不入品阶，属"外职掌"官吏[4]。

据出土的两方印章可确定，金狮湾墓群为一处从西汉早期延续至东汉晚期的巴地大姓涪陵谢氏的族葬地，其中M6的墓主身份为东汉时期基层官吏——亭长，M12的墓主身份应与M6相同。东晋常璩所著的《华阳国志》是巴蜀地区早期最重要的地方文献，该书记载了四世纪中叶以前，今四川、重庆、云南、贵州等地区的历史、地理，是研究古代西南地方史和西南少数

① 中国科学院考古研究所：《洛阳烧沟汉墓》，科学出版社，1959年，第225页。

② （唐）杜佑：《通典·职官十五》，中华书局，1988年，第922页。

③ （南朝宋）范晔：《后汉书·百官五》，中华书局，1965年，第3624页。

④ （唐）杜佑：《通典·职官十八》，中华书局，1988年，第991页。

民族史以及蜀汉、成汉史的重要史料，有助于了解谢佻及涪陵谢氏的社会背景。汉晋时期，谢氏为涪陵大姓之一，见诸文献的西南地区谢氏主要有东汉涪陵谢本、郡橼枳谢盛，东晋宁州刺史、牂牁太守、冠军将军牂牁郡谢恕三人，涪陵、枳及牂牁在汉末至两晋时期，属同一地理区域。

《华阳国志》载："涪陵郡，巴之南鄙，从枳南入，折丹涪水。……汉后恒有都尉守之。旧属县五，去洛五千一百七十里。东接巴东，南接武陵，西接牂柯，北接巴郡。土地山险水滩，人多慭勇，多獽蜑之民。县邑阿党，斗讼必死。无蚕桑，少文学。惟出茶、丹、漆、蜜、蜡。汉时，赤甲军常取其民。蜀丞相亮亦发其劲卒三千人为连弩士，遂移家汉中。延熙十三年，大姓徐巨反，车骑将军邓芝讨平之。……乃移其豪徐、蔺、谢、范五千家于蜀，为猎射官。分赢弱配督将韩、蒋［等］，名为助郡军；遂世掌部曲，为大姓。晋初，移弩士于冯翊莲勺。其人性质直，虽徙他所，风俗不变。故迄今有蜀、汉、关中、涪陵，其为军在南方者犹存。"①

郡橼枳谢盛、涪陵谢本，仅见于《华阳国志》卷一。

桓帝"永兴二年三月甲午，（白）望上疏曰：'……土界遐远，令尉不能穷诘奸凶。时有贼发，督邮追案，十日乃到，贼已远逃，踪迹灭绝。罪录逮捕，证验文书，诘讯，即从春至冬，不能究讫。绳宪未加，或遇德令。是以贼盗公行，奸宄不绝。……其水陆复害杀郡橼枳谢盛、塞威、张御、鱼复令尹寻、主簿胡直。'"②

"献帝初平（元）［六］年，征东中郎将安汉赵颖建议分巴为二郡。颖欲得巴旧名，故白益州牧刘璋，以垫江以上为巴郡，（江）［河］南庞羲为太守，治安汉。以江州至临江为永宁郡，朐忍至鱼复为固陵郡，巴遂分矣。建安六年，鱼复塞胤白璋，争巴名。璋乃改永宁为巴郡，以固陵为巴东，徙羲为巴西太守。是为'三巴'。于是涪陵谢本白璋，求以丹兴、汉葭二县为郡。初以为巴东属国，后遂为涪陵郡。分后属县七，户二万，去洛三千七百八十五里。东接朐忍，西接（蒋）［符］县，南接涪陵，北接安汉、德阳。"③

谢恕，牂牁郡人，文献见于《华阳国志》与《晋书》，牂牁位于涪陵南，至晋初，涪陵大族"其为军在南方者犹存"，谢恕有可能为东汉时期涪陵谢氏南迁一系。《华阳国志·南中志》载："永昌元年，晋朝更用零陵太守南阳尹奉为宁州刺史、南夷校尉，加安西将军。奉威刑缓钝，政治不理。咸和八年，遂为雄弟寿所破获，南中尽为雄有。惟牂柯谢恕不为寿所用，遂保郡（独）为晋。官至抚夷中郎将、宁州刺史、冠军。"④《华阳国志·后贤志·侯馥传》载："宁州刺史王逊领平西将军，复取（馥）为参军。逊议欲迁牂牁太守谢恕为涪陵太守，出屯巴郡之把口。……馥招降夷僚，修缮舟舰，为进取调。预白逊请军，移恕俱出涪陵，不能自前。"⑤《晋书·卷一百二十一》载：（李寿）"遣其镇东大将军李奕征牂柯，太守谢恕保城

① （晋）常璩撰、刘晓东等点校：《华阳国志·巴志》，齐鲁书社，2000年，第12页。
② 《华阳国志·巴志》，第7页。
③ 《华阳国志·巴志》，第9页。
④ 《华阳国志·南中志》，第52页。
⑤ 《华阳国志·后贤志》，第197、198页。

距守者积日，不拔。"①

刘璋为益州牧，二千石官，谢本的官职不见记载，但在文献中可"白（刘）璋"，知其在东汉晚期刘璋的势力范围内具有一定的社会地位。郡掾谢盛，枳，即涪陵，与谢本同郡望，郡掾，百石官。谢恕积功，由五品郡守，升为四品领兵刺史，加抚夷中郎将。

五、几点认识

金狮湾墓群出土的西汉早期陶豆、陶釜，西汉中期平底罐、圜底罐、铜鍪，东汉早期铜鍪等尚存巴人文化因素，但随着时代变化，数量已呈变少趋势，至东汉中晚期的各墓葬内巴人文化因素已不存，但墓葬与器物方面部分保留着地方特色②。

金狮湾墓群周围经考古调查与发掘的两汉时期遗址与墓群主要有新田镇战国至六朝时期曾家溪墓地③、汉代至明清时期涪滩遗址④、东汉时期庙湾墓地⑤、高峰镇东汉时期古坟嘴墓群⑥等，其中涪滩遗址与金狮湾墓群隔江相望，遗址濒江，汉代地层厚40厘米，遗迹有灰坑等，出土器物主要有绳纹瓦、陶网坠、纺轮、盆、铜箭镞、"半两"及"五铢"钱等，地层相对年代判断为西汉时期。时代与金狮湾墓群部分墓葬的年代相近，其中M8出土铜钩（M8：1）、M1的铜鍪内发现鱼骨（M1：25），可以看出渔猎生活是金狮湾墓群汉代人类生活的一部分，这一现象在涪滩遗址内也有发现，主要是与渔猎生活有关的器具网坠。此外，M12的陶圜底罐（M12：12）内还发现风化稻，稻粒细长，由此可见种植业也是汉代当地的经济类别之一。

M6为东汉早期墓葬，陶章标示了墓主的职级为基层"亭长"；M4为西汉晚期墓葬，铜印表明了金狮湾墓群I区是一处西汉至东汉时期的土著谢氏的墓葬群。谢氏作为涪陵豪族之一，掌握汉代的基层行政组织。金狮湾墓葬群的发现对研究峡江地区汉代基层官吏族属、土著葬俗、经济生活、社会面貌等具有重要研究价值。

此次发掘的墓葬为研究万州地区的西汉中期至东汉中期的墓葬提供了一处较为重要的断代标准。随着万州地区考古工作的开展及相关资料的不断刊布，我们对这一地区的汉代文化、经济及社会组织等将会有更进一步地了解。金狮湾墓群15座汉代墓葬的考古发掘工作，基本揭示了该墓群从西汉早期至东汉中晚期各个阶段墓葬及器物发展演变的序列，为研究三峡以西地区的汉代墓葬提供了断代参考，具有重要的考古学意义。

---

① （唐）房玄龄等：《晋书·李寿传》，中华书局，1974年，第3045页。

② 中国社会科学院考古研究所：《中国考古学·秦汉卷》，中国社会科学出版社，2010年，第502页。

③ 镇江市博物馆等：《万州曾家溪墓地考古发掘报告》，《重庆库区考古报告集·2001卷》，科学出版社，2007年。

④ 南京市博物馆等：《万州涪滩遗址发掘报告》，《重庆库区考古报告集·2001卷》，科学出版社，2007年。

⑤ 重庆市博物馆等：《万州庙湾墓地发掘报告》，《重庆库区考古报告集·1997卷》，科学出版社，2001年。

⑥ 南京市博物馆等：《万州古坟嘴墓群发掘报告》，《重庆库区考古报告集·2001卷》，科学出版社，2007年。

附 表

表一　金狮湾群墓葬统计表

墓号	位置	方向	墓葬形制		墓道	尺寸			葬具		出土器物（件组）						墓葬现状
			类别	形状		通长	宽	最深			陶器	铜器▲	其他	棺钉（组）	铜钱（组）	合计	
M1	I区T0907、T1007	38	土坑墓	长方形竖穴	无	4.9	3.9	3.15	木棺椁	一棺一椁	27	7	3	2	1	40	完整
M2	I区T0705、0706、0805、0806	33	土坑墓	长方形竖穴	无	4.25	3.1	1.84	不明显		19	8	2		2	31	现代扰乱
M3	I区T0603、T0604	214	土坑墓	长方形竖穴	无	3.4	2.2	0.7	不明显		6	1	1			8	现代扰乱
M4	I区T0603、T0604	32	土坑墓	凸字形	斜坡	6.7	3.3	2.2	木棺椁	三棺一椁	56	6	7		6	75	完整
M5	I区T0403	126	砖室墓	刀形	缺失	5.5	2.9	1.1	不明显		40	8	5		1	54	现代扰乱
M6	I区T0302、T0402	113	土坑墓	凸字形	斜坡	5.75	4	1.7	不明显		34	1	6		4	45	现代扰乱
M7	I区T0706、T0806、T0807	35	土坑墓	长方形竖穴	无	3.4	1.8	0.8	不明显		16	2	3			21	现代扰乱
M8	I区T0807	58	土坑墓	长方形竖穴	无	4.3	2.65	1.65	不明显		7	1				8	现代扰乱
M9	I区T1015	33	土坑墓	长方形竖穴	无	4.3	2.95	2.4	不明显		19	1	1	2	1	24	现代扰乱
M10	II区T0407	130	土坑墓	长方形竖穴	无	4.2	3.8	3.2	木棺椁	二棺一椁	53	2	6		4	65	完整
M11	II区T1110	26	土坑墓	长方形竖穴	无	4.56	3.18	1.68	木棺椁	一棺一椁	21		3		1	25	完整
M12	II区T1012	148	土坑墓	长方形竖穴	无	4.2	3.8	2.04	木棺椁	二棺一椁	75	7	8		6	96	完整
M13	II区T1010	18	土坑墓	长方形竖穴	无	3.9	2.5	0.8	木棺椁	二棺一椁	21		1		2	24	完整
M14	II区T1414	175	土坑墓	长方形竖穴	无	3.8	3.3	1.8	木棺椁	二棺一椁	51	5	43		2	101	完整
M15	II区T0908	20	土坑墓	长方形竖穴	无	2.5	2.5	0.94	木棺椁		13	1	3		1	18	部分缺失
合计											458	50	92	4	31	635	

▲不含铜棺钉、铜钱

分期	墓号	墓葬现状	陶器																						环	鏊	盆	钫	钉	敦
			罐	钵	盆	甑	壶	盖	鼎	盒	灯	井	钫	章	熏	勺	杯	匜	簋	纺轮	豆	鏊	池	屋	俑						
第一期	M15	部分缺失	4			1					1										6	1					1				
第二期	M1	完整	18	7		1						1														2	1	1	3	
	M2	现代扰乱	13	2	1	1	1	1																	1	2		1	2	
	M3	现代扰乱	4	1		1																				1				
	M4	完整	15	36	3	1	1																		3	1		1		
	M7	现代扰乱	13	2		1																				1	1			
	M8	现代扰乱	6			1																								
	M10	完整	32	10	1	1	2		2	3	1	1															1		1	
	M13	完整	16	1	1	1	1				1																			
第三期	M9	现代扰乱	15						2	2																				
	M11	完整	13			1	2		2	2				1																
第四期	M12	完整	24	35	4	1	1		1		1				2	1	1	1		2						1	1	1	1	
	M14	完整	22	18	6	2	1												2						1	2				
第五期	M6	完整	12	16	2		2								1		1										1			
	M5	现代扰乱	9	2	3		1	1			1	2	1	2			1						1	1	16		1	1			1
合计（件组）			216	130	21	12	13	2	7	7	5	4	1	3	3	1	3	1	2	2	6	1	1	1	16	5	12	6	4	7	1

★以组编列。　　　　◇器形不明。

器物统计表

铜器									铁器											银器等					合计（件组）
耳杯	镜	带钩	印	饰件	钩	刀	棺钉★	铜钱★	剑	钩	釜	支架	刀	盉	斧	勺	錾	鼎	铁器◇	银环	银镯	石片	石块	其他	（件组）
								1			1							1						1	18
							2	1			1	1												1	40
		1				1		2			1		1												31
											1														8
			1					6	1	1	1		1				1					1	1		75
												1					1		1						21
					1																				8
								4					2	1	1		1						1		65
								2								1									24
		1					2	1	1																24
								1			1		1				1								25
				1				6				1	2				1		2			1		1	96
	1			1				2			1	1	3						4	5	3			26	101
								4			1		1									1	3		45
1	1							1			1	1	2											1	54
1	2	2	1	2	1	1	4	31	2	1	9	5	13	1	1	1	5	1	7	5	3	3	5	30	635

表三　金狮湾墓群器类统计表（陶器）

分期	墓号	墓葬现状	鼎	钫	壶	盒	簋	匜	草	圜底罐	平底罐	筒形罐	鉴	钵	盆	甑	灯	薰	杯	勺	豆	纺轮	盖	井	池	屋	俑	合计
第一期	M15	部分缺失								1	3		1			1	1				6							13
第二期	M1	完整								2	15	1		7		1								1				27
	M2	现代扰乱			1					11	2			2	1	1							1					19
	M3	现代扰乱								4				1		1												6
	M4	完整			1					10	1	4		36	3	1												56
	M7	现代扰乱								1	11	1		2		1												16
	M8	现代扰乱									6					1												7
	M10	完整	2		2	3					29	3		10	1	1	1							1				53
	M13	完整			1	1				4	11			1	1	1	1											21
第三期	M9	现代扰乱	2	1						2	13	1																19
	M11	完整	2			2				9	4					1	1	1	1									21
第四期	M12	完整	1				1	1	2	7	14	3		35	4	2		1	1	1				2				75
	M14	完整			1	1	1			11	8	3		18	6							2						51
第五期	M5	现代扰乱			4						9			2	3		1	1	1				1		1	1	16	40
	M6	现代扰乱			3				1	7	4	1		16	2													34
合计			7	1	13	7	2	1	3	69	130	17	1	130	21	12	5	3	3	1	6	2	2	4	1	1	16	458

表四　金狮湾墓群器类统计表（铜器）

分期	墓号	墓葬现状	环	鉴	盆	钫	钉■	敦	器沿■	杯	耳杯	镜	带钩	刀	印	饰件■	钩	棺钉★	铜钱★	合计
第一期	M15	部分缺失		1															1	2
第二期	M1	完整		2	1	1	3						1	1					1	10
	M2	现代扰乱	1	2			2	1										2	2	10
	M3	现代扰乱			1															1
	M4	完整	3	1	1										1				6	12
	M7	现代扰乱			1	1														2
	M8	现代扰乱															1			1
	M10	完整		1			1												4	6
	M13	完整																	2	2
第三期	M9	现代扰乱											1					2	1	4
	M11	完整																	1	1
第四期	M12	完整		1	1	1	1		2							1			6	13
	M14	完整	1	2								1				1			2	7
第五期	M6	现代扰乱		1															4	5
	M5	现代扰乱		1	1	1			1	2	1	1							1	9
合计（件、组）			5	12	6	4	7	1	3	2	1	2	2	1	1	2	1	4	31	85

■漆器附件　　★以组编列

表五　金狮湾墓群器类统计表（铁器及其他）

分期	墓号	墓葬现状	铁剑	钩	鐾	釜	支架	鼎	刀	臿	斧	勺	铁器◇	银环	银镯	石片	石块	其他	合计
第一期	M15	部分缺失				1		1										1	3
	M1	完整				1	1											1	3
	M2	现代扰乱				1			1										2
	M3	现代扰乱				1													1
第二期	M4	完整	1	1	1	1	1		1							1			7
	M7	现代扰乱			1		1						1						3
	M8	现代扰乱																	
	M10	完整			1				2	1	1						1		6
	M13	完整			1														1
第三期	M11	完整			1				1			1							3
	M9	现代扰乱	1																1
第四期	M12	完整				1	1		2				2			1		1	8
	M14	完整				1	1		3				4	5	3			26	43
第五期	M5	现代扰乱				1			2							1	1		5
	M6	现代扰乱				1			1								3	1	6
合计			2	1	5	9	5	1	13	1	1	1	7	5	3	3	5	30	92

◇器型不确定

表六　金狮湾墓群铜钱统计表

分期	墓号		器号	数量	正面	外径	内径	厚
第一期	M15	1组	M15：1	289	半两，无内外郭	1.5 ~ 3.3	0.7 ~ 1.15	0.02 ~ 0.12
第二期	M1	1组	M1：26	19	五铢	2.5	1	0.15
	M2	2组	M2：27	14	五铢	2.5	1	0.1
			M2：28	2	半两	2.4	0.9	0.1
	M4	6组	M4：1	250	五铢，少数孔上有一横或孔下有一星	2.5	1	0.1
			M4：2	9	五铢，少数孔上有一横或孔下有一星	2.5	1	0.1
			M4：3	192	五铢，少数孔上有一横或孔下有一星	2.5	1	0.1
			M4：4	233	五铢，少数孔上有一横或孔下有一星	2.5	1	0.1
			M4：5	150	五铢，少数孔上有一横或孔下有一星	2.5	1	0.1
			M4：6	11	五铢，少数孔上有一横或孔下有一星	2.5	1	0.1
	M10	4组	M10：3	1	五铢	2.5	1	0.1
			M10：4	31	五铢	2.5	0.9 ~ 1	0.1
			M10：5	44	五铢	2.5	0.9 ~ 1	0.1
			M10：55	23	五铢	2.5	0.9 ~ 1	0.1
	M13	2组	M13：21	25	五铢	2.5	1	0.1
			M13：22	16	五铢	2.5	1	0.1
第三期	M9	1组	M9：18	15	五铢	2.5	1.1	0.1
	M11	1组	M11：2	24	半两，无郭，大小厚薄不一	2.3 ~ 3.2	0.8 ~ 0.9	0.05 ~ 0.2
					五铢	2.5	0.9	0.1
第四期	M12	6组	M12：1	141	五铢、大泉五十、货泉	2.2 ~ 2.8	0.8 ~ 1	0.1 ~ 0.2
			M12：4	31	五铢、大泉五十、货泉	2.2 ~ 2.8	0.8 ~ 1	0.1 ~ 0.2
			M12：10	99	五铢、大泉五十、货泉	2.2 ~ 2.8	0.8 ~ 1	0.1 ~ 0.2
			M12：22	115	五铢、大泉五十、货泉	2.2 ~ 2.8	0.8 ~ 1	0.1 ~ 0.2
			M12：32	29	五铢、大泉五十、货泉	2.2 ~ 2.8	0.8 ~ 1	0.1 ~ 0.2
			M12：50	207	五铢、大泉五十、货泉	2.2 ~ 2.8	0.8 ~ 1	0.1 ~ 0.2
	M14	2组	M14：34	40	货泉	2.2	0.7	0.15
					五铢	2.5	0.9	0.15
			M14：52	489	货泉	2.2	0.7	0.15
					五铢	2.5	0.9	0.15
第五期	M6	4组	M6：26	151	货泉149枚、大泉五十2枚	2.1	0.7	0.1
			M6：27	62	五铢	2.5	1	0.1
			M6：28	18	五铢	2.5	1	0.1
			M6：39	11	五铢	2.4	1	0.1
	M5	1组	M5：51	19	五铢	2.5	1	0.1
合计		31		2760				

表七　金狮湾墓群陶质陶质统计表（泥质灰陶）

分期	墓号	墓葬现状	圜底罐	平底罐	筒形罐	钵	盆	甑	壶	盖	鼎	盒	灯	井	钫	章	熏	勺	杯	匜	篦	纺轮	豆	鉴	池	屋	俑	合计
第一期	M15	部分缺失	1	2				1					1										3					8
第二期	M1	完整	2	15	1	7		1						1														27
	M2	现代扰乱	10	2		2		1	1																			16
	M3	现代扰乱	4			1		1																				6
	M7	现代扰乱		11	1	2		1																				15
	M8	现代扰乱		6					1																			7
	M10	完整		29	3	9	1	1	2		2	2	1	1														51
	M13	完整	4	9	1	1	1	1	1																			18
	M4	完整	9	1	4	36	3	1	1																			55
第三期	M9	现代扰乱	2	13							2	2																19
	M11	完整	9	2				1			2																	14
第四期	M12	完整	7	14	3	34	2	1								2												63
	M14	完整	11	8	3	18	6	2	1																			49
第五期	M6	现代扰乱	7	4	1	15	1		1							1												30
	M5	现代扰乱		6		1	1		1				1	1											1	1	2	15
合计			66	122	17	126	15	12	9		6	4	3	3		3							3		1	1	2	393

表八　金狮湾墓群陶质统计表（泥质红陶）

分期	墓号	墓葬现状	圆底罐	平底罐	筒形罐	钵	盆	甑	壶	盖	鼎	盒	灯	井	钫	章	熏	勺	杯	匝	箅	纺轮	豆	鉴	池	屋	备	合计
第一期	M15	部分缺失																										
第二期	M1	完整																										
	M2	现代扰乱																										
	M3	现代扰乱																										
	M7	现代扰乱																										
	M8	现代扰乱																										
	M10	完整																										
	M13	完整																										
	M4	完整																										
第三期	M9	现代扰乱																										
	M11	完整																										
第四期	M12	完整					2		1		1	1	1				1	1		1	2							11
	M14	完整																										
第五期	M6	现代扰乱				1	1		1									1											4
	M5	现代扰乱		3		1	2			1				1			1		2								14	25
合计				3		2	5		2	1	1	1	1	1			3	1	2	1	2						14	40

表九　金狮湾墓群陶质陶质统计表（泥质褐陶）

分期	墓号	墓葬现状	圜底罐	平底罐	筒形罐	钵	盆	甑	壶	盖	鼎	盒	灯	井	钫	罩	熏	勺	杯	囷	箦	纺轮	豆	整	池	屋	俑	合计
第一期	M15	部分缺失		1																			3	1				5
第一期	M1	完整																										
第二期	M2	现代扰乱					1			1																		2
第二期	M3	现代扰乱																										
第二期	M4	完整	1																									1
第二期	M7	现代扰乱	1																									1
第二期	M8	现代扰乱																										
第二期	M10	完整				1						1																2
第二期	M13	完整		1									1															2
第三期	M9	现代扰乱																										
第三期	M11	完整		2					2			2			1													7
第四期	M12	完整				1																						1
第四期	M14	完整																					2						2
第五期	M5	现代扰乱																										
第五期	M6	现代扰乱																										
合计			2	4		2	1		2	1		3	1		1							2	3	1				23

表一〇　金狮湾墓群陶平底罐分期表

分期	1a	1b	1c	2a	2b	2c	3	4	5	6	7
第一期	M15：11										
第二期	M8：4	M10：12	M1：1	M7：16	M7：14		M1：31	M7：5	M4：65	M13：11	M11：13
第三期	M11：12		M9：4	M14：84	M12：13	M12：18					
第四期			M12：77								
第五期			M5：19	M6：31	M5：29						

表一一　金狮湾墓群陶圆底罐、筒形罐分期表

分期	圆底罐									筒形罐	
	1a	1b	1c	2a	2b	2c	3a	3b	4	1	2
第一期											
第二期	M2:25	M7:7		M3:2	M4:17		M4:44	M13:7	M1:13	M1:32　M7:17	M10:16
第三期		M11:3						M9:24			
第四期		M14:44	M12:17			M14:49					M14:68
第五期		M6:21	M6:29			M6:37					M6:3

表一二　金狮湾墓群陶钵、盒分期表

分期	钵							盒		
	1a	1b	1c	2a	2a	2b	1	2	2	
第一期										
第二期	M1:18　M2:18			M2:17	M7:3	M1:14	M10:46		M11:21	
第三期		M12:84								
第四期	M12:44		M5:16	M6:16	M5:25			M9:17		
第五期	M6:41		M6:9			M6:42				

表一三　金狮湾墓群陶瓿、鼎、壶分期表

分期	瓿		鼎		壶					
	1	2	1	2	1	2		3		4
第一期	M2：7		M15：13							
第二期	M10：25		M10：56		M8：8	M14：34	M13：20	M10：17	M10：13	M2：9	
第三期			M11：17	M9：11				M11：18			
第四期	M12：71	M14：75	M12：25					M12：24			M14：58
第五期								M5：17	M6：35		M6：7

表一四　金狮湾墓群陶盆、井、熏分期表

分期	盆				井			熏	
	1	2	3	4	1	2	1		2
第一期									
第二期	M2∶10　M4∶36	M4∶45　M4∶58			M1∶20　M10∶15				
第三期									
第四期	M12∶49	M14∶78　M12∶48	M14∶46　M14∶66	M12∶35			M12∶47		
第五期		M6∶34	M5∶6　M5∶9			M5∶21　M5∶22			M5∶31　M6∶13

表一五　金狮湾墓群铜鋬、盆、刀分期表

分期	鋬		盆		刀	
	1	2	1	2	1	2
第一期						
第二期	M1:25	M4:14	M4:15　M7:1	M2:74　M3:8		M2:26　M10:8
第三期					M11:1	
第四期		M114:39			M12:5　M14:82	
第五期		M5:24　M6:22		M5:23	M5:13　M6:6	

后　　记

　　金狮湾墓群项目分为2001年、2002年两个阶段，南京市博物馆与南京市文物研究所组成联合考古队，历时两年完成田野发掘。发掘期间，万州区博物馆、龙宝文管所为考古队排忧解难，万州博物馆向渠奎馆长、龙宝文管所袁新华所长多次到金狮湾墓群发掘现场指导工作，万州博物馆周启荣、邓顺杰及龙宝文管所谭忠伟老师长驻工地及时协助考古队解决困难。发掘结束后，考古队按项目要求向万州区博物馆移交了金狮湾墓群的所有出土器物，年度发掘报告按计划及时提交给重庆市三峡办，发掘简报已分别刊发于《重庆库区考古报告集·2001卷》（科学出版社，2007年）、《重庆库区考古报告集·2002卷》（科学出版社，2010年）。囿于识浅，发掘简报在器物定名、文化性质与墓葬时代的判断上多有不妥，借报告编写之机尽量修正。文中尚有不当之处，敬请斧正。

　　在车广锦先生、华国荣先生的悉心指导下，《万州金狮湾墓群》考古发掘报告的完成为2001～2002年度金狮湾墓群项目划上了句号。报告编写工作得到了南京市文物保护研究所邵磊，南京市考古研究所龚巨平、雷雨、董补顺、陈鸿飞，重庆中国三峡博物馆李琳、赵卓等师友鼎力相助。

　　谨致谢忱！

岳　涌

2019年6月

1. 北部探方（由南向北）

2. T0705及M2（由南向北）

金狮湾墓群Ⅰ区

1. 全景（由北向南）

2. 西T1、T2发掘中（由北向南）

金狮湾墓群Ⅱ区

1. Ⅰ区西部探方（由东向西）

2. Ⅱ区东部探方（由西向东）

金狮湾墓群探方

1. 平面（由北向南）

2. 平面（由南向北）

金狮湾墓群M4

1.东北部器物（由西向东）

2.西北部器物（由西向东）

金狮湾墓群M4

1. 出土铜鍪（由北向南）

2. 出土铜盆（由南向北）

金狮湾墓群M4

1. 出土铜印（由西向东）

2. 出土铜剑格（由北向南）

金狮湾墓群M4

1. 墓道出土器物（由西向东）

2. 墓道及器物（由东向西）

金狮湾墓群M6

1. 墓室（由西向东）

2. 墓室器物（由北向南）

金狮湾墓群M6

1. 墓道出土器物（由东向西）

2. 铜鍪下的木痕（俯视）

金狮湾墓群M6

1. 平面（由北向南）

2. 平面（由东向西）

金狮湾墓群M1

1.出土铜鍪（M1：25）

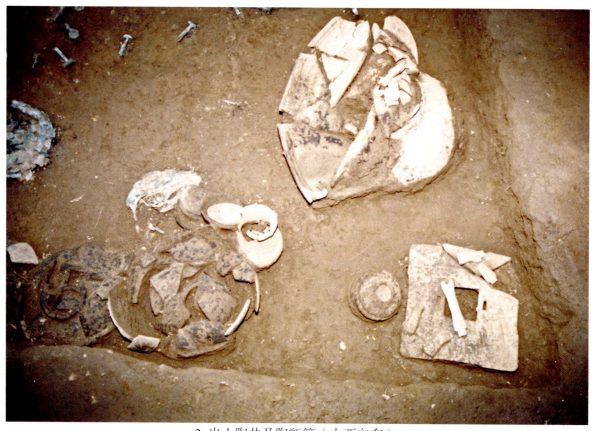

2.出土陶井及陶甄等（由西向东）

金狮湾墓群M1

1. 平面（由南向北）

2. 东部陶器及铜鍪（由西向东）

金狮湾墓群M2

1. 平面（由南向北）

2. 出土牙齿

金狮湾墓群M3

1.平面（由南向北）

2.朱砂痕迹

金狮湾墓群M7

1. 出土陶甑与铁釜（由东向西）

2. 出土铜钫铺首（由西向东）

金狮湾墓群M7

1. 平面（由南向北）

2. 平面（由东向西）

金狮湾墓群M8

1.平面（由东向西）

2.北部器物（由东向西）

金狮湾墓群M9

1. 平面（由北向南）

2. 出土陶罐（由北向南）

金狮湾墓群M9

1.平面（由北向南）

2.南部器物分布（由北向南）

3.器物分布（由东向西）

金狮湾墓群M10

1. 东部椁痕及出土陶器（由西向东）

2. 墓室北部器物（由南向北）

3. 墓室南部出土器物（由北向南）

金狮湾墓群M10

1. 出土器物（由南向北）

2. 平面（由西向东）

金狮湾墓群M11

1. 出土铜钱（由东向西）

2. 墓室北部出土器物（由南向北）

3. 墓室西部出土陶罐（由东向西）

金狮湾墓群M11

1. 器物分布（由南向北）

2. 器物分布（由西向东）

金狮湾墓群M12

1.南部椁痕及出土器物（由南向北）

2.北部出土器物（由南向北）

金狮湾墓群M12

1. 出土铜器沿（M12：37）（由西向东）

2. 墓室中部出土釉陶器及铜钫（由南向北）

金狮湾墓群M12

1. 墓室东部棺痕及铜钱（由西向东）

2. 墓室西部出土陶器（由东向西）

金狮湾墓群M13

1. 器物分布（由北向南）

2. 器物分布（由东向西）

金狮湾墓群M14

1. 出土铜鍪（M14：39）（由北向南）

2. 出土银镯及料器等（由南向北）

金狮湾墓群M14

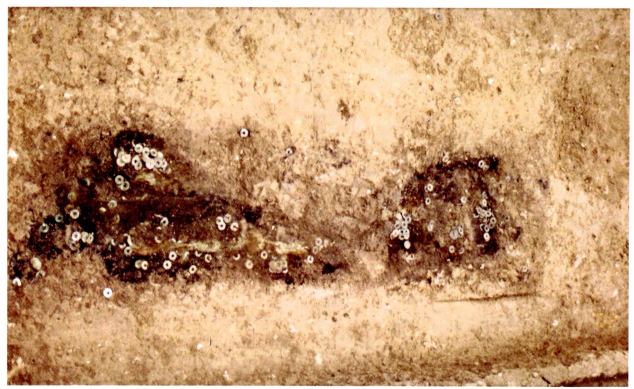

1. 东部木椁及棺痕（由南向北）

2. 东南部出土陶器及铜钱（由东向西）

金狮湾墓群M14

1.出土铜鍪及陶罐（由北向南）

2.出土铜鍪、铁鼎等（由南向北）

3.墓室东北部出土陶器（由南向北）

金狮湾墓群M15

1. 平面（由西向东）

2. 平面（由东向西）

金狮湾墓群M5

1. 甬道北侧器物（由北向南）

2. 甬道内器物（由北向南）

金狮湾墓群M5

1.出土铁釜、铜钫（由东向西）

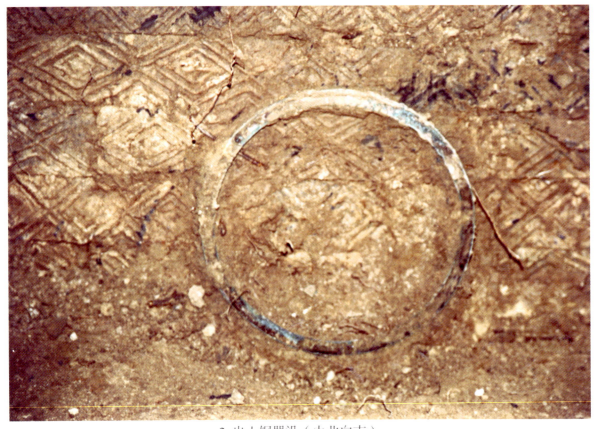

2.出土铜器沿（由北向南）

金狮湾墓群M5

金狮湾墓群M4出土陶器

1. 圜底罐（M4∶20）

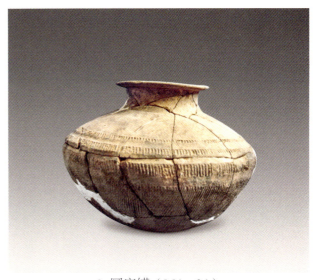

2. 圜底罐（M4∶24）

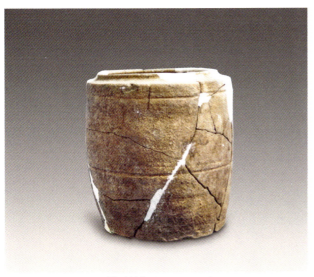

3. 筒形罐（M4∶60）

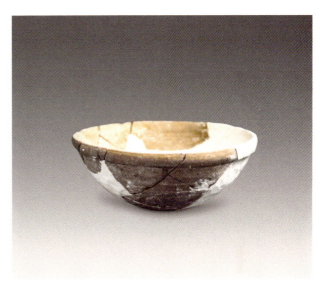

4. 钵（M4∶38）

5. 盆（M4∶58）

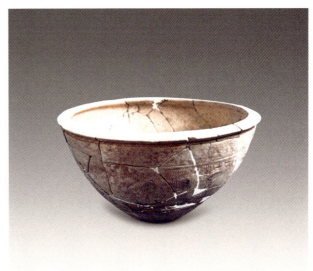

6. 瓿（M4∶62）

金狮湾墓群M4出土陶器

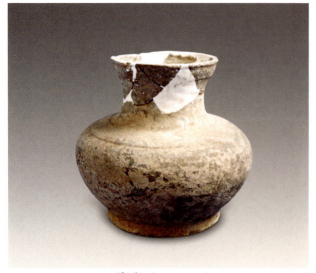

1. 陶壶（M4：34）

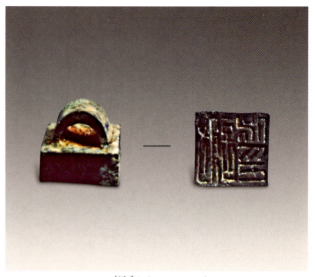

2. 铜印（M4：16）

3. 铁鍪（M4：59）

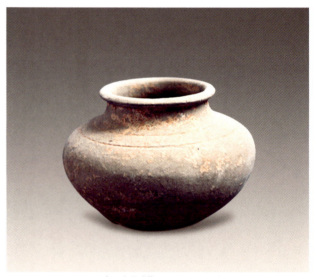

4. 陶平底罐（M6：19）

5. 陶圜底罐（M6：21）

6. 陶筒形罐（M6：3）

金狮湾墓群M4、M6出土器物

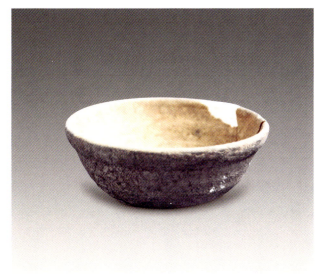

1. 陶钵（M6：17）

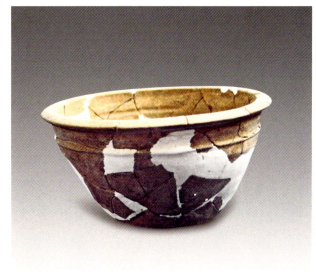

2. 陶盆（M6：34）

3. 陶壶（M6：35）

4. 陶熏（M6：13）

5. 陶章（M6：1）

6. 铁刀（M6：6）

金狮湾墓群M6出土器物

1.平底罐（M1：1）

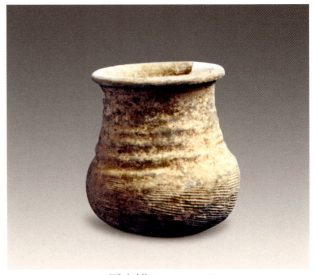

2.圜底罐（M1：13）

3.圜底罐（M1：23）

4.筒形罐（M1：32）

5.钵（M1：14）

6.井（M1：20）

金狮湾墓群M1出土陶器

1. 陶甑（M1：21）

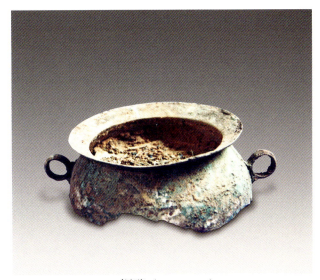

2. 铜鍪（M1：25）

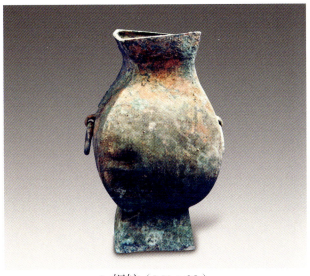

3. 铜钫（M1：28）

4. 铜钫铺首（M1：28）

5. 铜棺钉（M1：36）

6. 铁支架（M1：34）

金狮湾墓群M1出土器物

1. 平底罐（M2：23）

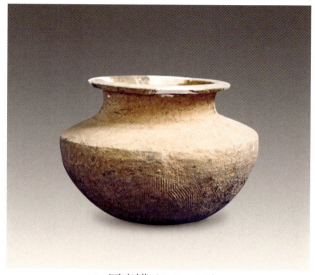

2. 圜底罐（M2：15）

3. 钵（M2：17）

4. 甑（M2：7）

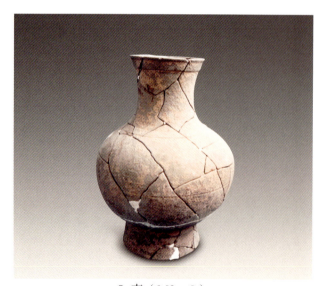

5. 壶（M2：9）

6. 盆（M2：10）

金狮湾墓群M2出土陶器

1.陶器盖（M2：19）

2.铜敦（M2：1）

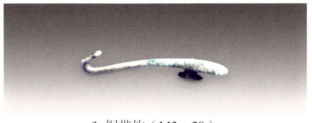

3.铜带钩（M2：20）

4.铜刀（M2：26）

5.陶圜底罐（M3：1）

6.陶钵（M3：7）

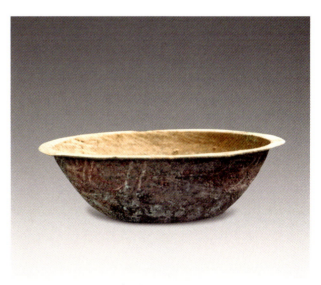

7.铜盆（M3：8）

金狮湾墓群M2、M3出土器物

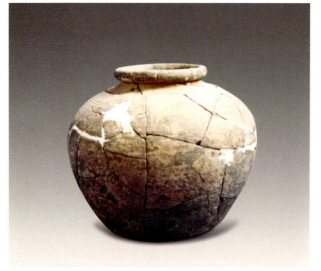

1. 陶平底罐（M7：13）

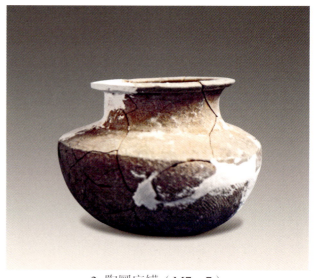

2. 陶圜底罐（M7：7）

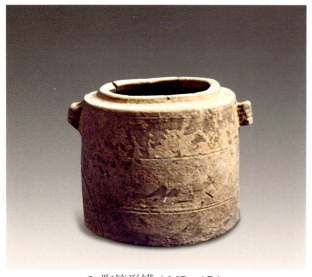

3. 陶筒形罐（M7：17）

4. 陶钵（M7：4）

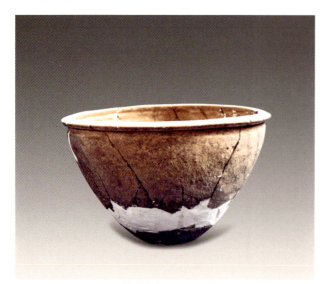

5. 陶瓿（M7：18）

6. 铜盆（M7：1）

金狮湾墓群M7出土器物

1.壶（M8：8）

2.壶铺首（M8：8）

3.平底罐（M8：4）

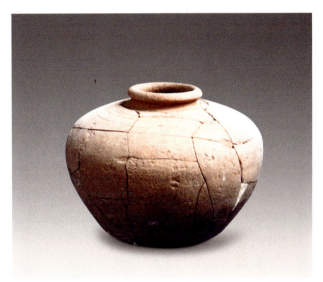

4.平底罐（M9：4）

5.圜底罐（M9：2）

6.鼎（M9：11）

金狮湾墓群M8、M9出土陶器

图版四四

1. 陶盒（M9∶17）

2. 陶盒（M9∶17）

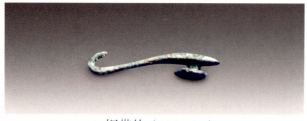

3. 铜带钩（M9∶14）

5. 陶平底罐（M10∶22）

4. 铁剑（M9∶20）

6. 陶筒形罐（M10∶18）

7. 陶钵（M10∶61）

金狮湾墓群M9、M10出土器物

1.壶（M10∶13）

2.壶盖饰（M10∶13）

3.壶颈部彩绘（M10∶13）

4.壶肩部彩绘（M10∶13）

5.壶铺首（M10∶13）

6.壶（M10∶17）

金狮湾墓群M10出土陶器

1. 井（M10：15）

2. 灯（M10：24）

3. 瓿（M10：25）

4. 盆（M10：54）

5. 盒（M10：46）

6. 盒（M10：59）

金狮湾墓群M10出土陶器

1. 陶鼎（M10∶56）

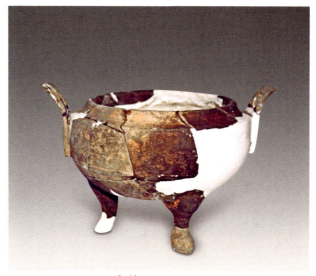

2. 陶鼎（M10∶58）

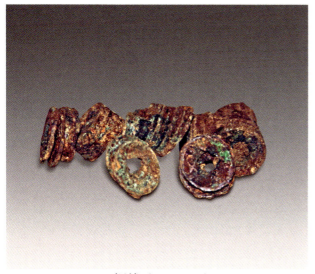

3. 铜钱（M10∶5）

4. 铁刀（M10∶6）

5. 铁臿（M10∶1）

6. 铁斧（M10∶7）

7. 石块（M10∶57）

金狮湾墓群M10出土器物

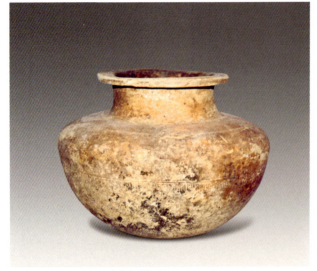

1. 圜底罐（M11：7）

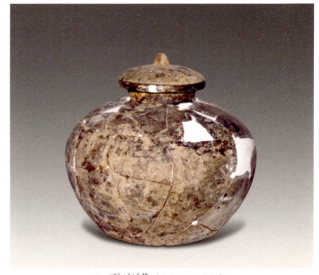

2. 平底罐（M11：20）

3. 鼎（M11：17）

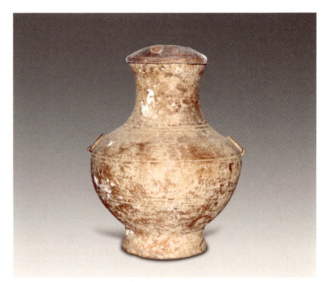

4. 壶（M11：18）

5. 钫（M11：23）

6. 钫铺首（M11：23）

金狮湾墓群M11出土陶器

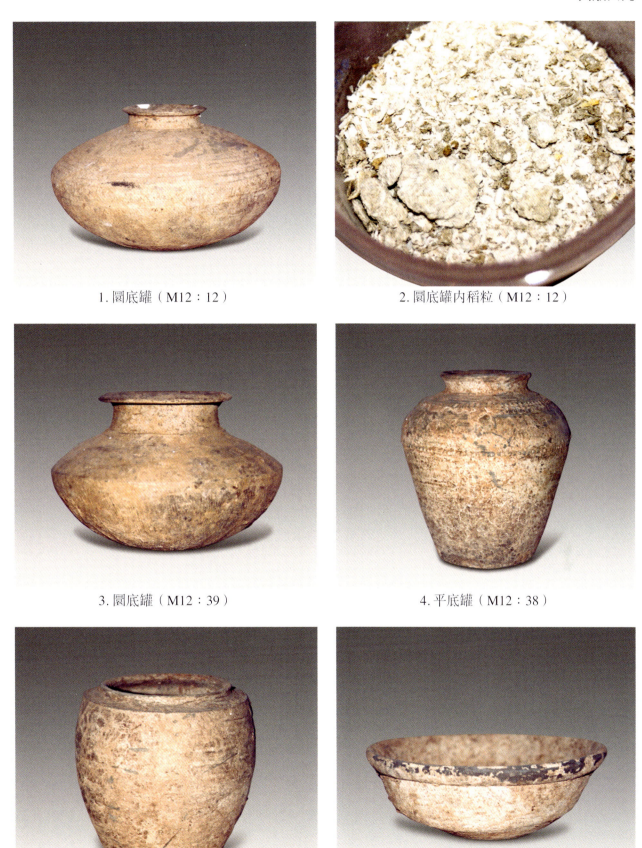

1. 圜底罐（M12：12）　　　　　　2. 圜底罐内稻粒（M12：12）

3. 圜底罐（M12：39）　　　　　　4. 平底罐（M12：38）

5. 筒形罐（M12：2）　　　　　　6. 钵（M12：9）

金狮湾墓群M12出土陶器

1. 盆（M12：49）

2. 甑（M12：71）

3. 章（M12：80、92）

5. 釉陶鼎（M12：25）

4. 釉陶勺（M12：26）

6. 釉陶壶（M12：24）

7. 釉陶壶铺首（M12：24）

金狮湾墓群M12出土陶器

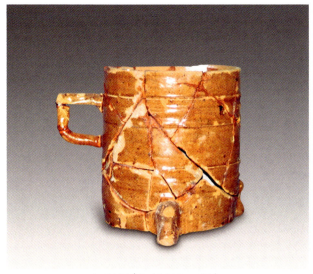

1. 三足杯（M12：27）

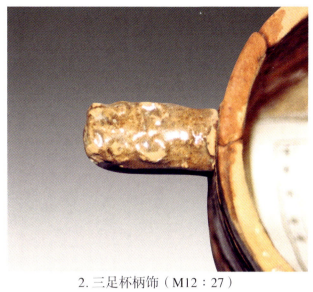

2. 三足杯柄饰（M12：27）

3. 灯（M12：28）

4. 盆（M12：29）

5. 匜（M12：30）

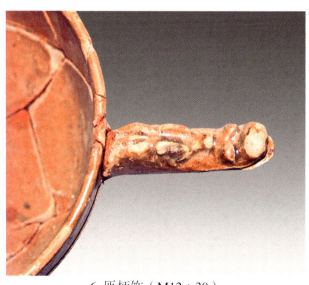

6. 匜柄饰（M12：30）

金狮湾墓群M12出土釉陶器

1. 釉陶簋（M12：52）

2. 釉陶熏（M12：47）

3. 铜钫（M12：23）

4. 铜钫铺首（M12：23）

5. 铜饰件（M12：55）

6. 铜盆（M12：74）

金狮湾墓群M12出土器物

1. 平底罐（M13：24）

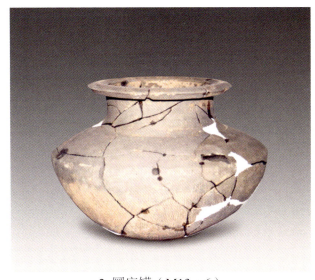

2. 圜底罐（M13：6）

3. 筒形罐（M13：17）

4. 甑（M13：15）

5. 盆（M13：18）

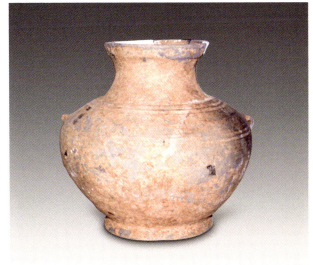

6. 壶（M13：20）

金狮湾墓群M13出土陶器

1.圜底罐（M14：47）

2.平底罐（M14：50）

3.筒形罐（M14：91）

4.钵（M14：73）

5.盆（M14：66）

6.壶（M14：58）

金狮湾墓群M14出土陶器

1. 陶甑（M14：75）

2. 铁釜（M14：62）

3. 陶纺轮（M14：93、94）

4. 银环（M14：8、9）

5. 银镯（M14：21~23）

6. 琉璃耳珰（M14：12）

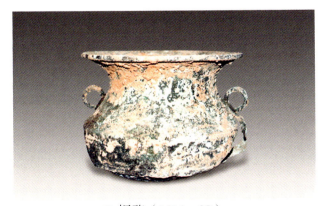

7. 铜鍪（M14：39）

8. 铜鍪内鱼骨（M14：39）

金狮湾墓群M14出土器物

1. 炭精司南、炭精羊（M14：5、6）

2. 料珠（M14：14～19、M14：24～32）

3. 陶平底罐（M15：11）

4. 陶豆（M15：7）

5. 陶灯（M15：8）

6. 铁鼎（M15：13）

金狮湾墓群M14、M15出土器物

1. 平底罐及勺（M5：48）

2. 盆（M5：9）

3. 杯（M5：8）

4. 灯（M5：12）

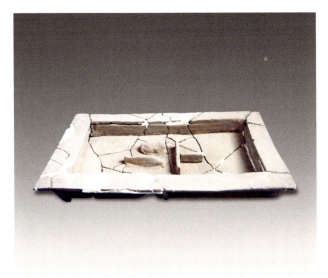

5. 池（M5：14）

6. 钵（M5：16）

金狮湾墓群M5出土陶器

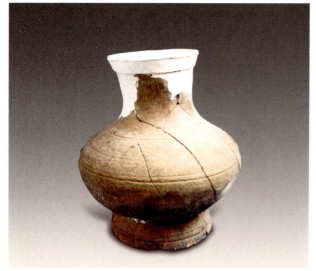

1. 壶（M5：17）

2. 井（M5：21）

3. 熏（M5：31）

4. 器盖（M5：54）

5. 鸡俑（M5：40）

6. 抚琴俑（M5：30）

金狮湾墓群M5出土陶器

1. 陶坐俑（M5：35）

2. 陶哺乳俑（M5：39）

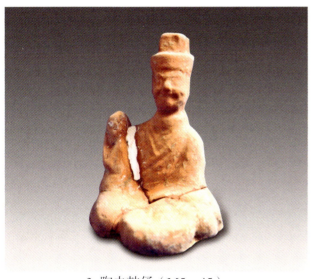

3. 陶击鼓俑（M5：45）

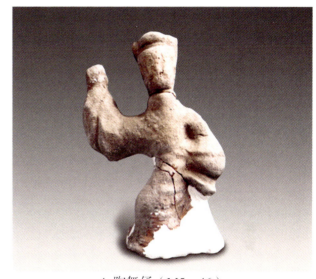

4. 陶舞俑（M5：46）

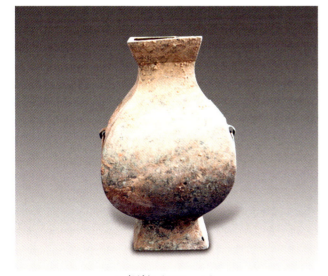

5. 铜钫（M5：1）

6. 铜杯（M5：5）

金狮湾墓群M5出土器物

1. 铜耳杯（M5：6）

2. 铜耳杯内底（M5：6）

3. 铜盆（M5：23）

4. 铜鍪（M5：24）

5. 铜镜（M5：33）

6. 铁釜（M5：2）

金狮湾墓群M5出土器物

www.sciencep.com

（K-3280.01）

ISBN 978-7-03-065520-2

9 787030 655202 >

定　价：258.00 元